Lili Stollowsky

Single Mama

Knaur

Lili Stollowsky

Single Mama

Der ganz normale Wahnsinn zwischen Kindern und Beruf

Ein Mutmachbuch für Alleinerziehende

www.knaur-ratgeber.de

Bibliografische Information: Die Deutsche Bibliothek
Die Deutsche Bibliothek verzeichnet diese Publikation in der Deutschen Nationalbibliografie; detaillierte bibliografische Daten sind im Internet über http://dnb.ddb.de abrufbar.

Wichtiger Hinweis
Die im Buch veröffentlichten Ratschläge wurden mit größter Sorgfalt von Verfasserin und Verlag erarbeitet und geprüft. Eine Garantie kann jedoch nicht übernommen werden. Ebenso ist eine Haftung der Verfasserin bzw. des Verlages und seiner Beauftragten für Personen-, Sach- oder Vermögensschäden ausgeschlossen.

Projektleitung: Caroline Colsman
Redaktion: Annette Barth, Hamburg
Umschlagkonzeption: ZERO Werbeagentur, München
Umschlagillustration: Susanne Saenger
Satz und Herstellung: Dagmar Guhl
Druck und Bindung: Offizin Andersen Nexö Leipzig GmbH, Zwenkau
Printed in Germany

ISBN-13: 978-3-426-64261-0
ISBN-10: 3-426-64261-1

5 4 3 2 1

Beharrliche Feministinnen fordern, männliche Dominanz auch im Gebrauch der Sprache bewusst zu machen und abzubauen, indem man stets darauf hinweise, dass es zu jeder Berufs- oder Tätigkeitsbezeichnung auch eine weibliche Form gibt. Im vorliegenden Buch müsste ich demnach immer der/die Alleinerziehende schreiben. Das erspare ich mir und Ihnen ganz unfeministisch. Wenn ich also über die Alleinerziehende schreibe, ist immer eine Frau gemeint. Schreibe ich über Alleinerziehende im Allgemeinen, sind sowohl Frauen als auch Männer gemeint. Da allerdings 86 Prozent aller Alleinerziehenden Frauen sind, meine ich wohl doch meistens Frauen.

Inhalt

Vorwort des Verbands alleinerziehender Mütter und Väter e. V.

Eine allein erziehende Hebamme mit zwei Kindern bewältigt ihren Alltag. Was so einfach klingt, ist eine Meisterleistung: Sie arbeitet für die Existenz von drei Menschen, sie erzieht ihre Kinder zu leistungsfähigen und zufriedenen Erwachsenen, sie kümmert sich um jedes kleine notwendige Detail im Haushalt, in der Kommunikation mit den ErzieherInnen und LehrerInnen, den Ämtern und Behörden und behält auch ihre eigenen Bedürfnisse und Wünsche im Blick. Diese Leistung erbringen über zwei Millionen Alleinerziehende in Deutschland.

Sie zu unterstützen, ihnen Wege und Möglichkeiten aufzuzeigen, sie zu Kontakten und aktiver Einflussnahme zu motivieren ist Aufgabe und Ziel des Verbands alleinerziehender Mütter und Väter (VAMV). Gegründet als »Verband lediger Mütter« im Jahr 1967, kämpft er seitdem für eine gesellschaftliche und politische Anerkennung der Familienform »Einelternfamilie«. Er hat viel erreicht: Der wichtigste Erfolg war die Gleichstellung nicht ehelicher mit ehelichen Kindern, eine Reform aus dem Jahr 1998.

Die Autorin beschreibt das so: »Die Gesetze passen sich also langsam dem realen Leben der Menschen an. Das reale Leben der Menschen heißt zum einen, dass immer mehr Männer aktiv ihre Vaterrolle ausüben wollen, und zum anderen, dass es aber in den meisten Fällen trotzdem die Frauen sind, die sich um die Kinder kümmern.« 86 Prozent der Mütter und eine leicht steigende Zahl von Vätern, die alleine die Verantwortung für ihre Kinder tragen. Geschieden, getrennt lebend, ledig, verwitwet – so verschieden die Gründe, so unterschiedlich sind auch die Lebensumstände von Einelternfamilien. Sozial anerkannt (meistens), aber mit großen wirtschaftlichen Risiken.

Die Autorin beweist einen gesunden Galgenhumor und kaum zu erschütternden Optimismus, mit dem sie alle plötzlichen und schleichenden Lebenslagen zu bewältigen versucht – und es auch schafft! Sie steht für einen Großteil der heutigen Alleinerziehenden: selbstbewusst, eigenständig und zielstrebig. Dieser Zielstrebigkeit werden immer wieder große Brocken gesellschaftlicher und politischer Widerstände in den Weg gelegt: steuerliche Nachteile von Alleinerziehenden, keine ausreichende Kinderbetreuung, Vorbehalte von Vermietern und Personalchefs, Vorurteile wegen der Kindererziehung und, und, und …

Hier ist der VAMV aktiv. Auf Bundes-, Landes- und kommunaler Ebene nimmt der Verband Einfluss auf die EntscheidungsträgerInnen für mehr Kitaplätze, für familienfreundliche Eintrittspreise und Öffnungszeiten, für ein gerechtes Steuersystem, für eine ausreichende Existenzsicherung. Die inneren und äußeren Widerstände, auf die die Autorin auf so anschauliche und erheiternde Weise aufmerksam macht, zeigen das ganze Dilemma: Es ist das Schönste im Leben, Kinder zu haben, aber es wird einem unglaublich schwer gemacht. Das Buch gibt Kraft und Zuversicht – gemeinsam sind Alleinerziehende stark!

Edith Schwab
Bundesvorsitzende des Verbands alleinerziehender Mütter und Väter, Bundesverband e.V. (VAMV)

Vorwort der Autorin

Alleinerziehende heißen Alleinerziehende, weil sie ihre Kinder alleine erziehen. Ein Kind, zwei Kinder oder drei. Dazu versorgen sie ihren Haushalt und gehen von Montagmorgen bis Freitagabend arbeiten. Alleinerziehende leben sozusagen permanent im Spagat zwischen Kindern, Küche und Knete. Außerdem muss noch ein Geburtstagskuchen gebacken, die Waschmaschine repariert und das Telefongespräch mit dem Rentenberater erledigt werden. Die Fenster müssen geputzt und die Kinder zur Klavierstunde gebracht werden. Die Bücher gehören in die Bücherei zurück. Der Lehrer des Sohnes drängt auf ein ernstes Gespräch. Eingekauft ist auch noch nicht. Die Jüngste braucht neue Schuhe. Die Kinder müssen von der Klavierstunde wieder abgeholt werden. Das Auto geht kaputt und die alte Waschmaschine lässt sich nicht mehr reparieren. Eines der Kinder hat einen akuten Magen-Darm-Infekt – mit heftigem Erbrechen. Was das heißt, kann sich jeder lebhaft vorstellen. Nachts dreimal die gesamte Bettwäsche wechseln (und das mit der kaputten Waschmaschine!), zweimal überlegen, ob man nicht doch zur Notaufnahme in die Kinderklinik fährt, und sich mehr als einmal fragen, wie man morgen Früh ausgeruht und fröhlich auf der Arbeit erscheinen soll oder ob man besser jetzt sofort und auf der Stelle einen Nervenzusammenbruch bekommt.

Weil außer einem selbst und dem sich erbrechenden Kind keiner da ist. Weil der Alltag trotzdem weiterlaufen muss.

Manche Alleinerziehende gehen auch am Wochenende arbeiten. Ich beispielsweise. Als selbstständige Hebamme konnte ich zwar meine Zeit zwischen Kindern und Küche gut einteilen, aber den Frauen nicht verbieten, Sonntagskinder zu gebären. Außerdem musste noch die Buchführung erledigt werden. Und die Kontoauszüge mit dem Minus wollten ebenfalls sortiert und abgeheftet sein.

Vollständige Familien machen am Wochenende immer schöne Ausflüge mit ihren Kindern, Alleinerziehende erledigen das, was wegen Zeitmangels unter der Woche liegen geblieben ist.

Das hört sich jetzt so an, als ob Alleinerziehen gar keinen Spaß machen würde. Das stimmt aber nicht. Es macht sehr wohl Spaß, aber Zeit zur Entspannung bleibt Single Mamas – neben Erziehung, Haushalt und Arbeit – beim besten Willen nicht.

Alleinerziehende sind mehr als zwanzig Jahre ausschließlich mit der Versorgung ihrer Kinder, des Haushalts und der Finanzierung ihrer kleinen Familie beschäftigt. Kinder, Küche und Knete eben. Vor allem Knete. Knete, die hinten und vorne nicht reicht.

Weil außer einem selbst niemand Geld für die Familie verdient. Weil keiner bei Kindern und in der Küche sein und gleichzeitig genug Geld verdienen kann, damit es hinten und vorne reicht.

Das hört sich jetzt schon wieder so an, als ob Alleinerziehen überhaupt keinen Spaß machen würde. Das stimmt aber wieder nicht. Das Einzige, was keinen Spaß daran macht, ist, dass man sich ununterbrochen in zwei Teile teilen muss. Einen schickt man zur Arbeit und mit dem anderen ist man bei den Kindern und kocht und putzt und bringt sie zur Klavierstunde und holt sie ab.

Alleinerziehende heißen auch Allein-Erziehende, weil sie keine Zu-zweit-Erziehenden sind. Wären sie zu zweit, hießen sie Eltern und könnten sich die Aufgaben einer Familie teilen. Einer oder eine ginge arbeiten und der oder die andere würde das mit der Klavierstunde und dem Lehrer erledigen.

Vielleicht lässt sich also behaupten, dass Alleinerziehende selbst schuld an ihrem ewigen Zeit- und Geldmangel sind. In gewisser Weise ja und in gewisser Weise nein. So einfach gestaltet sich die ganze Sache mit dem Alleinerziehen nämlich nicht. Wie schwierig sie wirklich ist, warum sie überhaupt so ist, wie sie ist und wie sie sich gut organisieren und überleben lässt, steht in diesem Buch.

Lili Stollowsky
Bonn, im Herbst 2005

Alleinerziehen gestern und vorgestern

Früher gab es keine Alleinerziehenden. Es gab Männer, Frauen und Kinder. Alle wohnten zusammen in einer Höhle und waren froh, gerade entdeckt zu haben, dass man Essen auch warm machen kann. Draußen trampelten Mammuts und andere wilde Tiere herum und drinnen wurde auf wolligen Nashornfellen munter gekuschelt. Ohne die geringste Ahnung vom Klapperstorch.

Damals dachten die Menschen, dass Kinder durch ein unerklärliches Wunder in Frauen heranwachsen, und deshalb wurden Frauen angebetet. Je mehr Kinder sie gebaren, desto größer war die Anbetung. Mütter wurden auf Händen durch die Höhle getragen. Überall waren Bilder von dicken Frauen zu sehen und jeder Tag war Muttertag. Kein Mann hätte sich der Gefahr ausgesetzt, eine Frau zu verärgern. Denn wer fähig ist, ein Kind in sich wachsen zu lassen, ist vielleicht auch zu noch unerklärlicheren Wundern fähig. Kein Mann hätte sich getraut, einen Blondinenwitz zu erzählen, denn die Blondinen sorgten wie alle anderen Frauen für den Fortbestand der menschlichen Sippe. Und das war damals das Allerwichtigste, weil Kinder leicht von einem Mammut zertrampelt werden konnten oder einer Krankheit zum Opfer fielen.

Bei den alten Griechen gab es dann keine Mammuts mehr. Alle wohnten auf der Akropolis und waren froh, gerade entdeckt zu haben, dass ihr oberster Gott Zeus zu dem gleichen unerklärlichen Wunder wie Frauen fähig war. Ohne die geringste Ahnung von dem regulären Geburtsmechanismus hatte sich Zeus die Tochter

Athene direkt aus dem Kopf gepresst. Die Anbetung der Frauen wurde sofort eingestellt, mit den Bildern von den dicken Frauen war Schluss und Muttertag wurde nur noch einmal im Jahr gefeiert. Athene war das erste historisch belegte Kind, das in einer Ein-Eltern-Familie aufwuchs.

Jesus wurde in einer Patchwork-Familie groß. Denn wie jeder weiß, war Joseph nicht sein richtiger Vater. Die Menschen hatten in der Zwischenzeit nicht nur Zeus, sondern auch viele andere unerklärliche Wunder abgeschafft und wussten schon, dass jedes Kind einen richtigen Vater und eine richtige Mutter hat.

Im Mittelalter gab es auch keine Alleinerziehenden. Weil Frauen, die mit einem illegitimen Kind ohne Ehemann schwanger waren, sofort ins Wasser gingen. Ohne Zaudern und Zögern hauchten sie im nächsten Dorftümpel ihr Leben aus. Mitten zwischen den Kröten und Fröschen. Niemanden hat das gestört. Schwanger ohne Mann hieß »gefallenes Mädchen« und gefallene Mädchen gehörten in den Teich. Außerdem kriegten die Frauen, die verheiratet waren, mehr als genug Kinder, und das Dorf musste sich nicht noch zusätzlich mit einem Bastard belasten. Kinder wurden nämlich damals in Kinder und in Bastarde eingeteilt.

Später gab es einen großen Krieg. Und dann noch einen. Statt gefallener Mädchen gab es jetzt gefallene Väter, die ihrem Vaterland eine halbe Generation vaterloser Kinder hinterließen. Die übrig gebliebenen Mütter spuckten in die Hände, räumten die Trümmer weg und brachten mit geklauten Kartoffeln und Kohlen und einer Arbeit als Magd ihre Kinder durch.

Und genau diese Kinder haben dann das Wirtschaftswunder zu Stande gebracht. Tüchtig, zielstrebig und beispielhaft.

Obwohl sie nur bei übrig gebliebenen Müttern aufgewachsen waren. Vielleicht liegt das daran, dass diese Frauen damals nicht allein erziehende Mütter, sondern Kriegswitwen hießen und immer lobend erwähnt wurden.

Im Mai 1949 wurden dann endlich alle Probleme mit den gefallenen Mädchen und den illegitimen Kindern abgeschafft. Im Grundgesetz der Bundesrepublik Deutschland, das zu diesem Zeitpunkt gültig wurde, ist in Artikel 6, Absatz 5, nämlich Folgendes verankert: »Den unehelichen Kindern sind durch die Gesetzgebung die gleichen Bedingungen für ihre leibliche und seelische Entwicklung und ihre Stellung in der Gesellschaft zu schaffen wie den ehelichen Kindern.« Mit diesem Gesetz war ein für alle Mal gesagt, dass das Leben manchmal verschlungene Wege geht und nicht alle Frauen verheiratet sind oder verheiratet sein müssen, wenn sie ein Baby kriegen, und dass das auch nicht weiter tragisch ist.

Dieser Artikel in unserem Grundgesetz war und ist einer der Eckpfeiler der Gleichberechtigung zwischen Männern und Frauen. Damit mussten Alleinerziehende nicht länger Angst vor gesellschaftlichen Nachteilen für sich und ihre Kinder haben. Denn natürlich gab es – allen anders lautenden Gerüchten zum Trotz – immer Alleinerziehende. Meistens waren es Mütter.

Solange es Männer und Frauen gibt, gibt es auch Babys, und Babys fragen nun mal nicht nach der Heiratsurkunde ihrer Eltern, bevor sie auf die Welt kommen. Und natürlich hatten Alleinerziehende gesellschaftliche Nachteile – falls sie nicht ertränkt, verbrannt oder aus der Gemeinschaft ausgestoßen wurden. Nur während der Mammut-Zeit hatten Frauen angesichts ihrer biologischen Fähigkeit, neues Leben zu schenken, keine Nachteile zu befürchten.

Auch heute erwachsen den Frauen keine Nachteile aus ihren biologischen und allen anderen Fähigkeiten, weil Frauen heute gleichberechtigt sind. Aber trotzdem gibt es noch ein Problem.

Ein Problem zwischen Adam und Eva.

Und dieses Problem ist es auf jeden Fall wert, genauer durchleuchtet zu werden, weil es einer der Gründe für die rasant steigende Anzahl von Alleinerziehenden ist.

Das Wunder der Geburt

Auch wenn schon vor langer Zeit
alle unerklärlichen Wunder abgeschafft wurden,
die Geburt eines Kindes ist und bleibt dennoch eins.

Auch wenn schon vor langer Zeit
die Anbetung der Frauen abgeschafft wurde,
sollten Männer sich nach wie vor hüten,
Frauen zu verärgern.
Denn Frauen haben die Macht,
Kinder zu kriegen oder nicht.
Ganz nach ihrem Belieben.
Keine Kinder mehr heißt:
keine Rente und keine Zukunft.
Für niemanden mehr.

Freizeit-Tipp:
Planen Sie doch mal einen Urlaub in Südfrankreich.
Dort kann man in den Steinzeithöhlen
die Bilder von den dicken Frauen betrachten.

Das Problem zwischen Adam und Eva

Amöben kennen keine Kinderpflege. Will sich die Amöbe vermehren, schnürt sie sich in der Mitte ein und teilt sich in zwei Amöben, die sofort fröhlich ihrer Wege gehen. Auch Wasserschildkröten haben keine Familienphase. Nach der Paarung kriecht das Weibchen aus dem Meer, gräbt eine Kuhle in den Sand, lässt hunderte von befruchteten Eiern in die Kuhle kullern, bedeckt sie mit Sand und kriecht zurück ins Meer. Fertig ist sie mit der Kinderaufzucht. Alle Wasserschildkröten sind also Waisen, die weder ihren Vater noch ihre Mutter kennen.

Bei den Säugetieren gestaltet sich die Sache mit der Brutpflege schon ein wenig schwieriger. Wolfsmütter ziehen sich mit ihren Welpen in einen geschützten Bau zurück und werden von ihrem Rudel miternährt. Babyelefanten werden von verantwortlichen Elefantentanten mitsamt ihren Müttern über Jahre hinweg in der Herde versorgt. Delfine haben Hebammen, die bei der Geburt helfen, und Kindergärten zur Entlastung der Mütter. Die meisten Säugetiere kümmern sich hingebungsvoll um ihren Nachwuchs und sind während der Zeit der Brutpflege liebevoll in ihrer jeweiligen Gruppe aufgehoben.

Doch was hat die Tierwelt mit den Alleinerziehenden zu tun? Und was mit dem Problem zwischen Adam und Eva? Menschen sind auch Säugetiere. Und die meisten Menschen kümmern sich auch hingebungsvoll um ihren Nachwuchs, doch liebevoll in der Gruppe aufgehoben sind Menschenmütter eher selten.

Die Sache mit der Brutpflege gestaltet sich bei uns also nicht nur ein wenig, sondern viel schwieriger als in der Tierwelt. Weder teilen sich Frauen wie die Amöben, noch legen sie tausende von Eiern wie die Wasserschildkröten, auch wenn das den tüchtigen Ärzten der Reproduktionsmedizin gut gefallen würde, sondern sie bringen nach neun Monaten Sodbrennen und Kugelbauch unter stundenlangen Schmerzen ein winziges Wesen zur Welt, einen hilflosen Nesthocker, der mindestens zwanzig Jahre lang ernährt, versorgt und betreut werden muss.

Menschenbabys gehen nicht direkt aus dem Kreißsaal allein ihrer Wege. Sie brauchen bis zum Erwachsenwerden viel Zeit und Aufmerksamkeit und kosten auch eine Menge Geld.

In früheren Zeiten übernahm die Mutter, die praktischerweise von der Natur mit Milch-Tankstellen ausgerüstet ist, die Ernährung, Versorgung und Pflege der Kinder und der Vater, der mehr Muskeln hat, das Erlegen von Mammuts. Diese familiäre Arbeitsteilung war vernünftig und hat sich viele Jahre gut bewährt.

Frauen zogen die Kinder groß, hielten die Höhle sauber und klemmten sich beim Beerensammeln die schreienden Babys einfach unter den Arm – sozusagen Kinder, Küche, Beerenstrauch. Währenddessen kümmerten sich die Männer aushäusig um das Überleben ihrer Familie. So hatten alle genug zu tun, für das Wohlergehen des Nachwuchses war bestens gesorgt und zwischen Männern und Frauen gab es nie Streit. Außer der Mammutbraten war angebrannt.

Durch das Aussterben der Mammuts änderte sich diese familiäre Arbeitsteilung erst mal nicht. Die Frauen zogen die Kinder groß, hielten die Küche sauber und gingen, wenn sie Zeit hatten, in die Kirche. Die Männer kümmerten sich aushäusig um das Überleben ihrer Familie. So hatten alle genug zu tun, für das Wohlergehen des Nachwuchses war bestens gesorgt und Streit gab es auch keinen. Außer die Frau hatte eine Liaison mit dem Küster.

Doch dann kam die Emanzipation.

Mit Elvis Presley und der Studentenrevolte und einem radikalen Umbruch aller Werte. Frauen wollten nach hunderttausend Jahren Kinder, Küche, Beeren und Kirche auch mal aushäusig arbeiten, und Männer hatten im Prinzip nichts dagegen, solange Kinder und Küche nicht darunter litten und weiterhin alleinige Domäne der Damen blieben.

So hatten Frauen zum ersten Mal in der Geschichte der Menschheit dreimal so viel zu tun wie Männer, und das Problem zwischen Adam und Eva nahm seinen Anfang. Doch dann kam noch der Feminismus mit seinen widerborstigen Frauen, die keine Lust hatten, dreimal so viel zu arbeiten, und die forderten, dass Männer den Frauen bei den Kindern und in der Küche helfen sollten, und das Problem eskalierte.

Obwohl der Feminismus schnell wieder abgeschafft wurde, ist das Problem geblieben und bis jetzt noch nicht gelöst. Männer haben auch heute im Prinzip nichts dagegen, Frauen zu helfen, aber sie tun es so selten, und deswegen haben jetzt alle andauernd Streit und keiner lässt ein gutes Haar mehr an dem anderen.

Bloß weil die Brutpflege beim Menschen so eine komplizierte und langwierige Sache ist. Menschenkinder gehen eben nicht direkt aus dem Kreißsaal ihrer Wege. Sie haben einen Magen-Darm-Infekt und die Masern, krümeln den Teppichboden voll, brauchen neue Schuhe und Hilfe bei den Hausaufgaben, produzieren jeden Tag einen Berg Wäsche und müssen zur Klavierstunde gebracht und wieder abgeholt werden.

Außerdem haben sie bis zum Erwachsenwerden jedes erdenkliche Anrecht auf all unsere Zeit und Aufmerksamkeit, auf Liebe, Zärtlichkeit, Verständnis und unterstützende Fürsorge bei ihrer Entwicklung. Kinder kann man nun einmal nicht nebenbei großziehen, und genau das ist das Problem zwischen Adam und Eva und ihrer gemeinsamen Leibesfrucht.

Frauen haben in den letzten fünfzig Jahren ihr Weltbild radikal verändert, sie lassen sich nicht mehr nur auf Heim und Herd beschränken. Sie sehnen sich nach beruflicher Befriedigung – und wollen trotzdem nach wie vor Kinder: Dieses natürliche Bedürfnis sichert unser Überleben als Menschheit.

Männer haben ihr Weltbild in den letzten fünftausend Jahren kaum verändert. Sie stehen vor den Errungenschaften der Emanzipation und vor Schreck klappt ihnen die Kinnlade herunter.

In der neuesten von der Bundesregierung in Auftrag gegebenen Untersuchung über den Zeitaufwand der Deutschen für Haus- und Familienarbeit wurde festgestellt: Männer stehen sieben Minuten pro Tag am Herd, Frauen 90. Männer beschäftigen sich zwei Minuten mit Waschmaschine und Bügelbrett, Frauen 30. Männer reinigen elf Minuten das Haus, Frauen 109. Männer kümmern sich 70 Miuten pro Tag um ihre Kinder, Frauen 170. Wobei das Sich-um-die-Kinder-Kümmern bei Männern zu 81 Prozent aus Sport und Spiel besteht. Männer verbringen im Durchschnitt 93 Minuten mit Kindern und Küche, Frauen 250 Minuten. Das ist ein Zeitunterschied von mehr als drei Stunden. Über drei Stunden am Tag, die der Mann für sich alleine nutzen kann. Statistisch gesehen, nutzt er die freie Zeit bevorzugt zum Fernsehen.

Amöben sind nach dem Teilen und Wasserschildkröten nach dem Eierlegen mit der Arbeit fertig. Für die moderne Hochleistungsfrau fängt die Arbeit erst an.

Im Schnitt arbeitet sie als Mutter und Berufstätige etwa 80 Stunden pro Woche. Der gleichberechtigte »neue Mann« dagegen – zumindest ein Teil dieser Spezies – kommt von der Arbeit nach Hause, legt entspannt die Füße hoch und macht es sich vor dem Fernseher gemütlich.

Um verkackte Pampers macht er immer noch einen großen Bogen. Um Küchenboden wischen, Geschirr abwaschen, Hilfe bei den Hausaufgaben, Elternabende und Fahrten von und zur Klavierstunde auch. Um schmutzige Wäsche, Einkauf, Essen und all die anderen langweiligen und lästigen, aber notwendigen Arbeiten, die in einer Familie sonst noch so anfallen, ebenso.

Das hebt nicht gerade die Stimmung in den Ehen.

An dieser Stelle möchte ich mit aller Entschiedenheit sagen, dass es auch andere Väter gibt. Männer, die selbstverständlich das Klo, das Bad und die Küche putzen, die kochen, waschen, bügeln und gemeinsam mit ihrer Frau den Haushalt bewältigen. Ja, es gibt diese Männer, und von denen lassen sich Frauen auch nicht oder nur sehr selten scheiden.

In Deutschland wird jede dritte Ehe geschieden. Meistens auf Betreiben der Frau. Nicht, weil Frauen es lustig finden, geschieden zu sein, oder weil es modern ist, sich mal eben scheiden zu lassen. Eher selten, weil sie einen anderen haben. Und auch weniger, weil der Ehemann ein brutaler Schläger und Säufer ist, von dem man sich nur scheiden lassen kann.

Frauen lassen sich vor allem deswegen scheiden, weil sie keine Lust und auch keine Zeit mehr dazu haben, ihren Männern alles hinterherzutragen.

Der rapide Zerfall herkömmlicher Familienstrukturen hat also wenig mit der Ablehnung christlicher, moralischer oder gesellschaftlicher Normen zu tun, sondern häufig mit der Bequemlichkeit, Faulheit und dem Egoismus vieler Männer.

Natürlich könnte man fordern, dass die Familienphase gefälligst Frauensache zu sein und zu bleiben hat. Vielleicht könnte man Frauen auch verbieten, arbeiten zu gehen, und besonders bockige Exemplare einfach am Herd festbinden. Das Problem zwischen Adam und Eva wäre gelöst, aber welche anderen Probleme würde man heraufbeschwören?

Alle Frauen wandern in familienfreundlichere Länder aus? Ein neuer Feminismus entsteht? Ein Feminismus mit noch weitaus widerborstigeren Frauen, die sich standhaft weigern, überhaupt noch ein Kind zu kriegen?

Deutschland stirbt aus! Bloß wegen eines Abwaschs, ein paar schmutziger Unterhosen und eines verkrümelten Teppichbodens. Bloß weil Männer sich bisweilen etwas schwerer mit einer neuen Idee tun als Frauen. Nämlich mit der schlichten Idee, ihren Frauen ein bisschen mehr als 93 Minuten pro Tag bei den Kindern und in der Küche zu helfen. Frauen warten nicht länger darauf, dass Männern nicht mehr vor Schreck die Kinnlade herunterklappt. Frauen ziehen Konsequenzen.

Die Geburtenrate in Deutschland ist erschreckend niedrig und die Scheidungsrate erschreckend hoch. Laut Statistischem Bundesamt hat die deutsche Familie im Durchschnitt nur noch 1,3 Kinder. Jedes achte Kind ist ein Scheidungskind, jeder fünfte Haushalt mit Kindern bereits ein Solo-Eltern-Haushalt.

Und all das mit steigender Tendenz. Bloß weil Adam der Eva nicht hilft.

Nicht erfunden

Alle statistischen Daten,
die in diesem Buch Verwendung finden,
haben sich nicht griesgrämige Feministinnen ausgedacht,
sondern sie stammen aus dem »Datenreport 2004«,
einer Erhebung über die Sozialstruktur Deutschlands,
und aus der Broschüre
»Die Familie im Spiegel der amtlichen Statistik«,
herausgegeben vom
Bundesministerium für Familie, Frauen und Jugend.

Motivations-Tipp:
Feiern Sie einmal im Jahr – beispielsweise statt Muttertag – einen
Wir-leben-in-einer-modernen-und-demokratischen-Gesellschaft-Tag.
Wir haben als Frauen die Möglichkeit,
neue Lebensmodelle auszuprobieren,
und werden nicht mehr ertränkt oder verbrannt
für unsere Entscheidungen.
Falls Sie sich an diesem Tag trotzdem vor lauter Überlastung
wie eine zerlaufene Amöbe fühlen,
lesen Sie in diesem Buch.
Dann haben Sie wenigstens etwas zu lachen.

Familie heute

Nachdem ich die Männer und ihre Bequemlichkeit beim Putzen, Kochen und Kinderhüten nun genügend angeprangert habe und jedem Pascha klar sein muss, warum er ständig in der Gefahr schwebt, von seiner Gattin verlassen zu werden, möchte ich auch noch andere Gründe für die hohe Scheidungsrate und steigende Anzahl von Alleinerziehenden zu bedenken geben. Männer sind schließlich nicht an allem schuld.

99 Prozent aller Männer gehen heute zur Geburt mit in den Kreißsaal. Sie haben sich liebevoll mit der werdenden Mutter vorbereitet. Sie sind engagiert, interessiert und voll bester Vorsätze, ein guter Vater zu werden. Nach der Geburt und den ersten zauberhaften Tagen mit dem Neugeborenen ruft aber wieder die Pflicht. Kinder sind teuer, weshalb einer in der Familie nun mal Geld verdienen gehen muss. Und da Männer nach wie vor etwa ein Drittel mehr verdienen als Frauen, ist das meistens der Vater. Nur fünf Prozent aller Väter nehmen die Elternzeit in Anspruch. Die Mutter findet sich also zu Hause mit dem Kind wieder und der Vater kämpft sich in der Arbeitswelt durch. Wie in der Mammut-Zeit.

Hier an dieser Stelle soll nun aber nicht über die Entwicklung der aushäusigen Arbeitsbedingungen nach dem Aussterben des letzten Mammuts berichtet werden, sondern nur angemerkt sein, dass auch Männer sich nicht in zwei Teile zerreißen können. In einen Teil liebevoller Vater und einen Teil harter Business-Man.

Heute kann sich niemand mehr ein auch nur partielles Versagen in der Arbeitswelt leisten. Weder Mann noch Frau. Bei zirka fünf

Millionen Arbeitslosen wird der Druck, der auf allen Berufstätigen lastet, immer größer. Kein Vater, sei er noch so liebevoll und engagiert für seine Kinder, wird die Bedürfnisse seines Chefs hinter die seiner Kinder stellen. Die Angst ist viel zu groß. Angst vor dem Verlust des Arbeitsplatzes. Angst, die Familie nicht mehr ernähren zu können. Angst, in die Armut zu rutschen. So wie es immer mehr Familien in Deutschland passiert. Der ebenfalls von der Bundesregierung in Auftrag gegebene Armutsbericht zeigt, dass schon über eine Million Kinder aus vollständigen Familien in Armut leben. Es werden sicherlich noch mehr.

Die finanzielle Realität wirkt sich also auch auf die Strukturen in den Familien aus. Wenn Männer vierzehn Stunden am Tag arbeiten oder drei Nebenjobs machen müssen, um ihre Familie ernähren zu können, haben sie keine Zeit mehr, ein liebevoller Vater zu sein. Sie sind abwesend, nicht weil sie abwesend sein wollen, sondern weil sie abwesend sein müssen. Und auf den Frauen lastet die alleinige Versorgung der Kinder und des Haushalts.

Heute wollen sich viele Väter liebevoll um ihre Kinder kümmern. Der Wind hat sich gedreht, und selbst die antiquiertesten Stammtischbrüder lachen nicht mehr über Männer, die mit einem Kinderwagen spazieren gehen.

Aber die Lebensbedingungen für Familien sind schwierig. Unsere Gesellschaft muss sich also die Frage gefallen lassen, ob Kinder zu haben hier noch machbar und lebbar ist, wenn Kinderhaben mittlerweile ein offiziell anerkanntes Armutsrisiko ist.

Wird die Lebensform »Familie« nicht zum Auslaufmodell, wenn Väter und Mütter für ihren Lebensunterhalt so viel arbeiten müssen, dass sie überhaupt keine Zeit mehr für ihre Kinder haben? Ist sie nicht längst ein Auslaufmodell, wenn das Geld in vielen Familien trotzdem vorne und hinten nicht reicht?

Dazu kommt, dass in Deutschland nicht nur in den Arbeitsstrukturen, sondern auch in anderen Lebensbereichen eine latente Kinder- und Familienfeindlichkeit herrscht. Kinder sind nicht nur ein Armutsrisiko, sondern oft auch ein Störfaktor.

Meine Kinder haben oft gestört. In Cafés und Restaurants. Den Vermieter und die Nachbarn. Draußen sind sie von Wiesen vertrieben worden, weil sie zu laut waren, und drinnen sollen sie möglichst auf Zehenspitzen gehen: Kinder darf man sehen, aber bitte nicht hören. Das Abstellen eines Kinderwagens im Treppenhaus ist übrigens auch verboten – er stört ebenfalls.

Jede Familie kann Geschichten über diese latente Kinderfeindlichkeit erzählen. Vielleicht muss sich die Gesellschaft auch den Vorwurf gefallen lassen, dass Kinder zu haben hier manchmal mehr ein Spießrutenlaufen als ein Vergnügen ist.

Wird die Lebensform »Familie« nicht zum Auslaufmodell, wenn Familien mit drei Kindern schon als asozial gelten? Ist sie nicht ein Auslaufmodell, wenn man sich schämen muss, überhaupt Kinder zu haben – beispielsweise einem Vermieter gegenüber?

Wissenschaftler haben kürzlich veröffentlicht, dass bereits jedes fünfte Kind in Deutschland an neurotischen Symptomen körperlicher oder seelischer Art leidet. Spüren die Kinder mit ihren feinen Antennen vielleicht, dass sie nicht nur ein Armutsrisiko und Störfaktor, sondern manchmal ganz und gar unerwünscht sind?

Weil sie in unsere moderne Erwachsenenwelt kaum mehr passen. Weil sie laut sind, chaotisch und unberechenbar. Weil sie eine Menge Arbeit machen. Weil sie all unsere Zeit, Aufmerksamkeit und Liebe brauchen. Selbstlose Liebe. Und weil Geiz heute viel geiler ist als selbstlose Liebe.

Das Deutsche Kinderhilfswerk schreibt in seinem Kinderreport Deutschland 2004: »Unsere Gesellschaft hat gegenüber den Kindern einen Zustand erreicht, den man als extrem kinderunfreundlich bezeichnen muss.«

Sind die vielen Alleinerziehenden und die hohe Scheidungsrate vielleicht auch eine Art Kollateralschaden? Ein Kollateralschaden der zunehmenden Armut von Familien, der Kinderfeindlichkeit und der Mentalität einer Gesellschaft, der das wirtschaftliche Wachstum wichtiger ist als das geistige und emotionale Wachstum der Mitglieder dieser Gesellschaft.

In hundert Jahren wird es in einigen rückblickenden historischen Untersuchungen sicher Antworten auf diese Frage geben. Heute nicht. Heute muss jeder mit seinen individuellen Entscheidungen und Lebensbedingungen hier in dieser Gesellschaft leben und auf irgendeine Weise zurechtkommen.

Keine Frage von Schuld

Alleinerziehen ist zwar machbar,
aber nicht besonders lustig.

Versuchen Sie deshalb Ihre Ehe zu retten.
Gehen Sie
– bevor Sie zum Scheidungsanwalt gehen –
zuerst zu einer Eheberatungsstelle.
Vielleicht lässt sich Ihre Ehe retten.

Wenn nicht:
Hören Sie auf, sich schuldig zu fühlen,
falls Sie sich schuldig fühlen.
Jeder ist mit seiner persönlichen Geschichte
in gesellschaftliche und historische Bedingungen eingebunden
und keiner ist an irgendetwas alleine »schuld«.
Weder an einer Scheidung
noch daran, dass er seine Kinder alleine erzieht.
Wir alle folgen auch historischen Wegen.
Und wir
– die modernen Frauen –
sind nun mal Kinder der Emanzipation.
Das hat uns eine Menge Gutes gebracht,
aber auch viele Schwierigkeiten.

Alleinerziehen – eine Definitionsfrage

Nach dem kleinen Ausflug in die Historie und den ungemütlichen Fragen geht es aber ab jetzt ausschließlich nur noch um Sie. Um die allein erziehende Mutter oder den allein erziehenden Vater. Sie leben schon in dieser Lebensform oder sie steht Ihnen ins Haus. Diese Lebensform, die seit 1975 um 50 Prozent zugenommen hat.

Sie gehören laut Datenreport zu den rund 2,4 Millionen einzelnen Elternteilen, die ohne Ehe- oder Lebenspartner mit minder- oder volljährigen Kindern in einem gemeinsamen Haushalt leben. Sie sind statistisch als allein erziehend erfasst und damit sozusagen echte Alleinerziehende.

Eine Mutter, die nach einer Scheidung Kinder allein sorgeberechtigt großzieht, aber mit einem neuen Partner, der nicht der Vater ihrer Kinder ist, in einem gemeinsamen Haushalt zusammenlebt, gilt nicht als allein erziehend. Ob sich der Partner jedoch tatsächlich an der Kindererziehung beteiligt und die Familie auch finanziell unterstützt, ist der Statistik dabei egal. Diese Frau ist keine Alleinerziehende. Jedenfalls keine echte. Das Gleiche gilt für den Vater, der mit seinen Kindern nach einer Verwitwung zurück zur Mutter zieht, die sich als Oma während der Arbeitszeiten des Vaters um die Enkelkinder kümmert. Auch er fällt aus der Statistik.

Und völlig aus der Statistik fällt die Mutter, die – wilde Seufzer ausstoßend – behauptet, auf jeden Fall auch allein erziehend zu sein, nur weil ihr Mann, der Wissenschaftler, zwanzig Stunden am Tag arbeitet. Auch wenn das theoretisch richtig sein mag, praktisch ist und bleibt sie, falls sie sich nicht scheiden lässt und mit den Kindern auf und davon geht, eine Ehefrau und erscheint deshalb in einer anderen Statistik.

Der Datenreport unterscheidet also ganz genau zwischen echten und unechten Alleinerziehenden sowie seufzenden Ehefrauen, indem er erfasst und beschreibt, wer wo wie mit wem wohnt und wessen Geld das kostet.

86 Prozent der rund 2,4 Millionen einzelnen Eltern, die mit minder- oder volljährigen Kindern ohne Ehe- oder Lebenspartner in einem gemeinsamen Haushalt leben, sind Frauen. Männer werden eher selten allein erziehend, und statistisch gesehen findet sich nach einer Verwitwung oder Scheidung für den Single Dad meistens schnell wieder eine Frau.

Alleinerziehen stellt also hauptsächlich eine weibliche Lebensform dar. Eine lauschige Mutter-Kind-Idylle.

Entgegen landläufiger Vorurteile über böswillige Damen, die sich von einem schönen Mann mit Absicht ein Kind machen lassen und den Erzeuger noch vor dem Kreißsaal hochkant aus ihrem Leben werfen, weil sie ohnehin vorhatten, das Kind für sich zu behalten, werden 55 Prozent aller Mütter durch eine Scheidung allein erziehend. Das bedeutet, dass mehr als die Hälfte aller allein erziehenden Mütter verheiratet waren und sich gewünscht und vorgestellt haben, mit dem Vater ihrer Kinder alt zu werden. Ich wollte nach der Hochzeit gerne mit dem Vater meiner Kinder alt werden. In guten wie in schlechten Zeiten.

Auch der Transfer genetisch hochwertiger Spermien aus der Samenbank in den Uterus lesbischer Frauen führt selten zum Alleinerziehen und ist eine statistisch zu vernachlässigende Größe. Ebenso statistisch zu vernachlässigen sind die Frauen, die sich Kinder von einem reichen und berühmten Filmstar anschaffen, um sich dann in ihrem bescheidenen Zwölf-Zimmer-Haus auf Hawaii zur Ruhe zu setzen. Alimentiert mitsamt drei philippinischen Kindermädchen bis ans Ende ihres Lebens. Wer also sind diese 2,4 Millionen Alleinerziehenden? Und warum heißt eine Frau mit Kind ohne Mann hier überhaupt Alleinerziehende und nicht Single Mom? Ein Babysitter heißt schließlich auch nicht »Kleinkindbetreuer«.

Eine Single Mom lebt nämlich als Single und ist nebenbei auch eine Mom. Eine Mutter, die Kind und Karriere spielend verbindet. Der Prototyp der modernen Frau sozusagen. Eine Alleinerziehende dagegen lebt nach landläufigen Vorstellungen immer allein und ist vorwiegend erziehend tätig.

Und während Single Moms in ganz Europa mit ihrem süßen und aufgeweckten Nachwuchs auf Partys und im Büro im Mittelpunkt aller Männer stehen, sitzen Alleinerziehende in Deutschland mit ihren gestörten Kindern einsam zu Hause und zählen verzweifelt ihre letzten Cents von der Unterhaltsvorschusskasse. Betreut von Familienfürsorgern. In hässlichen grauen Wohnblocks, zwischen Sozialamt und Erziehungsberatungsstelle gelegen.

Sonderbare Frauen, die zwar Kinder, aber keinen Ehemann haben und deshalb völlig orientierungslos sind. Merkwürdige Mütter, die ihre Kinder immer ungekämmt in die Schule schicken und weder kochen, backen, noch anständig einen Haushalt führen können.

Eine seltsame Minderheit am Rande unserer Gesellschaft.

Oder sind sie keine Minderheit mehr?

Schon gar keine seltsame?

Gibt es auch Alleinerziehende mit Abitur und Arbeit?

Frauen, die ihre Kinder kämmen und mit links ein perfektes Soufflee zaubern. Waschmaschinen reparieren, Steuererklärungen erstellen, Bücher schreiben und sich für die Vereinbarkeit der Quantenmechanik mit der allgemeinen Relativität interessieren. Frauen, die auf Partys und im Büro im Mittelpunkt der Aufmerksamkeit aller Männer stehen, weil sie hübsch sind und gleichzeitig auch klug und tüchtig. Und so überhaupt nicht dem Klischee der armseligen allein erziehenden Mutter entsprechen.

Wie leben Alleinerziehende? Wie lebt es sich alleine mit minder- oder volljährigen Kindern in einem gemeinsamen Haushalt? Und warum wird in Deutschland lieber immer weiter das Klischee der armseligen allein erziehenden Mutter aufrechterhalten, statt den pfiffigen Frauen endlich die nötige Anerkennung zu zollen? Anerkennung für das, was sie leben.

Weil es nämlich kein leichtes und einfaches Leben ist.

Das Leben als Alleinerziehende. Dieses anstrengende Leben im Spagat zwischen Kindern, Küche und Knete.

Ihr Platz in der Geschichte

Auch wenn Sie als allein erziehende Mutter
niemals in die Geschichte eingehen,
weil Sie überhaupt keine Zeit haben,
irgendetwas Außergewöhnliches zu tun,
was in den Geschichtsbüchern Erwähnung finden würde,
werden Sie immerhin im Datenreport erwähnt.
Vielleicht sind Sie die Alleinerziehende
mit der Zählnummer 1 348 932.

Literaturtipp:
Um die Sache mit der Vereinbarkeit
der Quantenmechanik mit der allgemeinen Relativität zu
verstehen, könnten Sie folgende Bücher lesen:

Stephen Hawking	Eine kurze Geschichte der Zeit
Tor Norretranders	Der Anfang der Unendlichkeit
Tom Robbins	Sissy – Schicksalsjahre einer Tramperin

PS: Rezepte für ein Soufflee
gibt es im Internet
unter www.hausfrauenseite.de.

Die Kinder

Hätten Alleinerziehende keine Kinder, dann wären sie keine Alleinerziehenden, sondern Singles, so wie all die Männer und Frauen, die mit ihren Ein-Personen-Haushalten mittlerweile 48 Prozent der Großstadtbevölkerung stellen. Meistens auf der Suche nach einem netten Partner. Mit dem sie vielleicht später ein Kind haben wollen.

Alleinerziehende haben schon ein Kind. Oder mehrere.

Die Kinder sind also der Dreh- und Angelpunkt der ganzen Sache. Sie sind die Ursache des Alleinerziehens. Sie sind auch die Ursache aller Auswirkungen, die das Alleinerziehen hat. Sie sind der Grund dafür, dass man sich zwanzig Jahre lang in zwei Teile teilt. Sie sind das Zentrum, um das sich alles dreht. Sie sind der Mittelpunkt unseres Lebens.

So wie alle Kinder in allen Familien. In den vollständigen und unvollständigen.

Die Kinder sind aber nicht nur das Zentrum und der Mittelpunkt, sie sind auch das Beste, was uns in unserem Leben widerfährt. Trotz aller Arbeit. Trotz der Schwierigkeiten, denen wir begegnen und leider oft auch ohne unser Zutun ausgesetzt sind. Trotz der Anstrengung, Kinder, Küche und Knete unter einen Hut zu bringen. Trotz aller Sorgen, die uns diese Anstrengung täglich kostet. Trotz der Falten, die uns im Gesicht wachsen, und trotz der vielen Jahre, die über dem Kindergroßziehen vergehen.

Zu sehen und daran teilhaben zu dürfen, wie aus einem winzigen Neugeborenen ein mutiger erwachsener Mensch wird, und gleichzeitig zu wissen, wie viel man als Mutter oder Vater dazu beigetragen hat, dass dieser nun erwachsene Mensch zielstrebig seinen eigenen Platz in der Welt suchen geht, birgt in sich den Lohn für all diese Arbeit und Anstrengung. Zu ahnen, dass man mit seinen Kindern in einen größeren Zusammenhang und Rhythmus des Lebens eingebunden ist, als die Erfüllung der täglichen Pflichten vermuten lässt, schenkt uns die Kraft, im Laufe der Zeit alle Schwierigkeiten zu überwinden.

Kinder machen viel Arbeit, aber sie machen auch glücklich.

Sie können so laut lachen, dass jede Traurigkeit verfliegt. Sie lachen sogar über Pupse. Sie verzeihen uns immer wieder, wenn wir Blödsinn machen. Sie geben unserem Leben Struktur und eine sinnvolle Aufgabe. Sie schenken uns Wärme und Zärtlichkeit, halten uns davon ab, geistig oder emotional einzurosten, und sie sind der Impuls für unsere eigene Weiterentwicklung. Sie lieben uns. Aufrichtig und rückhaltlos. Deshalb sind unsere Kinder nicht nur das Beste, sondern auch das Wunderbarste, was uns in unserem Leben widerfährt.

Liebeserklärung an meine Kinder

Ich bin unendlich dankbar,
dass es euch gibt,
dass ich euer Heranwachsen erleben konnte,
dass ich euch durch eure Kindheit begleiten durfte
und dass ihr zwei mutige
und ganz besondere Menschen geworden seid.
Ich bin so stolz auf euch.
Ohne euch wäre ich niemals die, die ich heute bin.
Ihr habt mich das Lachen gelehrt
und seid nach wie vor der Impuls,
mich immer weiterzuentwickeln.
Ich liebe euch
und ihr seid das Wichtigste in meinem Leben.

Vater Mutter Kind

Der liebe Gott (oder die Evolution) hat Männer und Frauen nicht gemacht, damit einer gut einparken und die andere gut zuhören kann, sondern damit beide sich die Arbeit mit den Kindern gerecht teilen. Leider haben aber weder der liebe Gott noch die Evolution gewusst, dass sich Männer und Frauen im 21. Jahrhundert oft streiten und scheiden lassen, weil sie es einfach nicht hinkriegen, sich diese Arbeit mit den Kindern gerecht zu teilen.

Stattdessen würden heutzutage manche Mütter und Väter am liebsten die Kinder selbst teilen. Gerecht mitten in der Mitte. Linke Seite des Kindes für den Vater, rechte Seite für die Mutter. Oder umgekehrt.

Damit diese Mütter und Väter in ihrer Rage bei einer Scheidung nicht zu solch drastischen Methoden greifen, wurde das Sorgerecht erfunden.

Das Sorgerecht heißt Sorgerecht, weil es beschreibt, wer das Recht hat, für ein Kind zu sorgen. Im Alltag und am Sonntag und an jedem anderen Tag. Es beschreibt, wer entscheidet, wo das Kind wohnt, wer es zur Klavierstunde fahren darf, wer seine Wäsche wäscht, ihm neue Schuhe kauft und zu dem ernsten Gespräch mit dem Klassenlehrer geht.

Bis vor wenigen Jahren wurde bei einer Scheidung meistens der Mutter das Sorgerecht zugesprochen. Ledige Mütter hatten ohnehin immer das alleinige Sorgerecht.

Weil aber Sorgerecht nicht nur heißt, für ein Kind zu sorgen, sondern auch, sich um ein Kind zu sorgen, und sich sowohl Mütter als auch Väter um ihre Kinder sorgen sollten, wurde im Jahr 1998 das Sorgerecht reformiert, und seither haben nach einer Scheidung immer beide Elternteile gemeinsam das Sorgerecht. Außer ein Elternteil ist der Verantwortung für ein Kind nicht gewachsen. Auf Antrag kann dann das Familiengericht der Mutter oder dem Vater das alleinige Sorgerecht zusprechen. Auch Väter, die mit der Mutter ihres Kindes nicht oder noch nicht verheiratet sind, haben mit der neuen Kindschaftsreform mehr Rechte. Nicht verheiratete Väter können in der so genannten Sorgeerklärung ein gemeinsames Sorgerecht mit der Mutter vereinbaren.

Die Gesetze passen sich also langsam dem realen Leben der Menschen an. Das reale Leben der Menschen heißt zum einen, dass immer mehr Männer aktiv ihre Vaterrolle ausüben wollen, und zum anderen, dass es aber in den meisten Fällen trotzdem die Frauen sind, die sich um die Kinder kümmern.

Deshalb kann das gemeinsame Sorgerecht schnell zu einem zweischneidigen Schwert werden. Angesichts der Notwendigkeit, Kindern trotz Scheidung beide Eltern zu erhalten, ist es sicher eine innovative Idee, im tatsächlichen Leben jedoch oft eine noch mehr Streit hervorrufende gesetzliche Regelung.

Was hilft allein erziehenden Elternteilen das gemeinsame Sorgerecht mit einem desinteressierten ehemaligen Partner? Mit dem Partner, von dem man sich genau wegen dieses Desinteresses hat scheiden lassen.

Männer, die während der Ehe ihre Kinder nur von Weitem und beim Schlafen gesehen haben, entwickeln sich nach der Ehe selten zu liebevollen, präsenten und sorgenden Vätern. Frauen, die dazu neigen, in Ehemännern nur Geld nach Hause bringende Wesen zu sehen, sind nach einer Ehe selten bereit, mit ihrem Ex-Mann faire – auch finanziell faire – Regelungen zu treffen.

Oft bewirkt die neue Sorgerechtsregelung sogar das Gegenteil des gewünschten Effekts. Ehemalige Partner – Väter wie Mütter – können dem Elternteil, bei dem das Kind nach der Scheidung lebt, über Jahre das Leben zur Hölle machen und das gemeinsame Sorgerecht als permanentes Druckmittel und als Möglichkeit nutzen, immer weiter Streit vom Zaun zu brechen.

Streit suchen seit kurzer Zeit offenbar auch einige Väter, die aufgebrochen sind, ihre Vaterrechte öffentlich und mit viel lautem Medienrummel einzuklagen. Ob diese Väter vor der Scheidung mit ebenso viel Engagement ihre Vaterpflichten erfüllt haben, wird leider kaum erwähnt. Ebenfalls kaum erwähnt werden in diesem

Zusammenhang die jahrelangen Kämpfe der Mütter, die einer Scheidung oft vorausgehen. Kämpfe, bei denen Frauen mehr als 93 Minuten Hilfe bei ihren Männern einfordern und um Unterstützung in der Küche und bei der Kindererziehung bitten und betteln. Kämpfe, die selten etwas fruchten und die Frauen am Ende entnervt zum Scheidungsanwalt gehen lassen.

Natürlich gehen auch Männer entnervt zum Scheidungsanwalt. Denn natürlich gibt es auch Frauen, die sich während der Ehe vieles zu Schulden kommen lassen und nach der Scheidung ihren ehemaligen Männern nur das Geld aus der Tasche ziehen. Frauen, die liebevollen Vätern mit Absicht ihre Kinder vorenthalten und keine Möglichkeit auslassen, ihren Ex-Mann zu kränken.

Frauen sind keine besseren Menschen als Männer. Und Menschen sind nun mal verletzt, wenn sie im Stich gelassen, übers Ohr gehauen oder über den Tisch gezogen werden. Selbst die nettesten Erwachsenen können sich im Kampf um die Liebe ihrer Kinder und im Kampf um das Geld zu gemeinen Racheengeln entwickeln, die einvernehmlichsten Scheidungen können in einen bösartigen familiären Kleinkrieg ausarten.

Jede Trennung oder Scheidung ruft bei allen Beteiligten eine Welle von Verwirrung, Wut und Schmerzen hervor. Ein Lebensplan ist zerplatzt, eine Liebe zerbrochen und eine gemeinsame Zukunft nicht mehr möglich. Da die meisten Menschen aber trotz aller gewandelter Normen und gesellschaftlicher Freiheiten eine tiefe Sehnsucht nach Geborgenheit und geordneten Lebensverhältnissen haben, sind die wenigsten Menschen in der Lage, vernünftig und ohne große Gefühle mit einer Scheidung umzugehen.

Sind kinderlose Erwachsene betroffen, können sie sich nach der Scheidung aus dem Weg gehen und allein oder mithilfe von Fachleuten ihre Wut und ihre Trauer bewältigen.

Mütter und Väter können sich nicht aus dem Weg gehen. Weder mit alleinigem noch mit gemeinsamem Sorgerecht. Mütter und Väter müssen trotz ihrer Verwirrung, Wut und Schmerzen einen gangbaren Weg finden, vernünftig und ohne große Gefühle zu kommunizieren. Sie müssen gemeinsam über Schulnoten und Pubertätskrisen reden, sie müssen sich absprechen über Besuche, Urlaub und Wochenenden und in fairer Weise den Kindern den anderen Elternteil erhalten.

Leider gibt es sowohl Väter als auch Mütter, die diesen Balanceakt zum Wohl ihrer Kinder nicht schaffen.

Es gibt Väter, die sich nach der Scheidung ohne ein Wort und ohne einen Cent Unterhalt verkrümeln. Väter, die bei der neuen Freundin schlecht über die Mutter der Kinder reden und damit ein freundliches Miteinander unmöglich machen. Es gibt Mütter, die nach einer Scheidung den Vater ihrer Kinder nur noch mit üblen Schimpfwörtern betiteln. Mütter, die Vätern mit dubiosen Begründungen den Kontakt zu ihren Kindern verwehren und, um das Kontaktverbot durchzusetzen, behaupten, der Vater hätte das Kind sexuell belästigt. Mütter, die kein Problem damit haben, sich bis ans Ende ihres Lebens rundum alimentieren zu lassen.

Das Beste ist es deshalb, sich bei einer Trennung oder Scheidung jede nur mögliche professionelle Hilfe zu holen. Diese Hilfe lässt sich in einer Familien- oder Erziehungsberatungsstelle suchen oder in einer psychologischen Beratung, auf jeden Fall bei fachlich kompetenten Menschen, die helfen, alles zu sortieren, die Krise zu meistern und eine gute Lösung für die Kinder zu finden.

Scheiden tut weh

Versuchen Sie Ihre Wut zu akzeptieren
und gehen Sie dann
– Ihren Kindern zuliebe –
möglichst schnell weiter.
Versuchen Sie Ihre Schmerzen zu akzeptieren
und gehen Sie dann
– Ihren Kindern zuliebe –
möglichst schnell weiter.

Schlagen Sie auf Ihr Kopfkissen ein,
rufen Sie siebenmal am Tag Ihre Freundin an,
nehmen Sie jede mögliche Hilfe in Anspruch,
aber lassen Sie Ihre Kinder aus dem Scheidungsgezänk.
Sie haben sich von Ihrem Partner getrennt
oder Ihr Partner hat sich von Ihnen getrennt,
Ihre Kinder haben sich aber nicht von ihrem Papa
oder ihrer Mama getrennt.

Ihre Wut und Ihre Schmerzen sind berechtigt, aber:
Ihre Kinder sind keine Waffe im Kampf gegen Ihren Partner.
Wenn Sie Ihre Kinder als Waffe benutzen,
werden Ihnen die Kinder das sehr übel nehmen.
Nicht jetzt sofort und heute, aber später.
Kinder merken sich so etwas!

Die Entwicklung der Kinder

In der besten aller Welten hätten alle Kinder liebende Mütter und Väter. Immer anwesende, fürsorgliche, warmherzige und wahrhaft erwachsene Eltern. In der besten aller Welten gäbe es keinen finanziellen noch sonstigen Kampf ums Überleben. Väter würden die Kinder mit zur Jagd, auf den Acker oder in die Firma nehmen. Mütter würden nicht aushäusig arbeiten gehen. Beide Eltern würden sich rund um die Uhr stets liebevoll um ihre Kinder kümmern.

Leider leben wir nicht in dieser besten aller Welten.

Es gibt Kinder, die vor den Augen ihrer Eltern verhungern. Kinder, die ab dem Alter von fünf Jahren in Bergwerken oder auf Feldern arbeiten müssen. Kinder, die in die Prostitution verkauft werden. Kinder, die nie eine Schule besuchen. Kinder, die gedemütigt, verprügelt, missbraucht oder sogar getötet werden. Kinder sind in unserer Welt neben den Tieren nicht nur die verletzlichsten, sondern auch die am meisten verletzten Wesen.

Vielleicht ist die kritische Beobachtung der Entwicklung deutscher Scheidungskinder also in gewisser Weise ein Luxusproblem.

Ein kleiner Aufenthalt in den Krisen- und Hungergebieten der Erde könnte so manchen Kinderpsychologen, Pädagogen oder Besserwisser zu der Überlegung veranlassen, dass das deutsche Scheidungskind zwar ein wenig belastet, aber nicht in seinem innersten Kern für immer beschädigt ist.

Kinder sind seit Jahrtausenden ohne Väter großgeworden, weil diese überall, nur nicht zu Hause waren. Auf der Jagd, im Krieg, auf hoher See oder auf dem Mond. Kinder sind ohne Mütter großgeworden, weil diese im Kindbett gestorben sind. Kinder sind vater- oder mutterlos aufgewachsen und als Erwachsene doch etwas Vernünftiges geworden. Beispielsweise Aristoteles. Oder Alexander von Humboldt, der große Reisende. Götz George, dessen Vater früh gestorben ist. Jan Ullrich, der Radrennprofi. Henning Mankell, der berühmte Schriftsteller. Nicht jedes vater- oder mutterlose Kind wird als Erwachsener zu einem lebensuntüchtigen Neurotiker.

Kinder sind auch seit Jahrtausenden ohne Väter großgeworden, weil diese von frühmorgens bis spät in die Nacht arbeiten waren.

Niemand hat sich dafür interessiert, welchen schädlichen Einfluss diese Abwesenheit der Väter auf die Entwicklung der Kinder haben könnte. Niemand hat sich dafür interessiert, dass Millionen von Kindern zwar nicht offiziell, durch eine Scheidungsurkunde bestätigt, aber im Alltag von ihren Müttern allein großgezogen wurden. Keinen Psychologen – die im Übrigen damals eher rar gesät waren – hat es auch nur im Geringsten interessiert, welche Defizite in der Psyche der Kinder dadurch entstehen.

Männer haben die Familie ernährt und Frauen die Kinder großgezogen. So war das, so hatte das auch zu sein und so hatte das seine Richtigkeit.

Doch heute und plötzlich, da immer mehr Mütter die Scheidung einreichen und sich damit freiwillig und wissentlich für das Alleinerziehen entscheiden, werden Kinder durch die Abwesenheit des Vaters zu Selbstmördern, Drogensüchtigen, Ausreißern, Schulversagern, jugendlichen Straftätern und anderweitig gestörten Menschen. Genauer nachlesen kann man diese gewagten Äußerungen auf der Internetseite des Vereins »Väteraufbruch für Kinder«. Leider wurde dort vergessen zu erwähnen, dass diese Untersuchung über die Entwicklung vaterlos aufwachsender Kinder aus ärmsten amerikanischen Ghettos stammt.

Vielleicht ist also in gewisser Weise die kritische Beobachtung der Entwicklung deutscher Scheidungskinder nicht nur ein Luxusproblem, sondern auch eine Möglichkeit, Frauen zu diffamieren.

Frauen sind den Männern seit Jahrtausenden gut genug gewesen, Kinder großzuziehen, seit Jahrtausenden sind sie damit von den Männern allein gelassen worden. Wenn sie sich aber selbstbewusst dafür entscheiden, Kinder allein großzuziehen, sind sie manchen Männern plötzlich nicht mehr gut genug und überhaupt nicht mehr geeignet. Und weil sich Frauen heutzutage so schlecht diffamieren lassen, weil immer sofort die Gleichstellungsbeauftragte meckert, verbreitet man bisweilen das Vorurteil, dass aus Kindern, vor allem Söhnen, die nur bei allein erziehenden Müttern aufwachsen, auf keinen Fall etwas Vernünftiges werden kann. Und prophezeit gleich den Untergang der abendländischen Kultur dazu.

Wohlgemerkt: Es geht hier nicht um die Allgemeinheit der Männer beziehungsweise Väter. Es gibt viele wunderbare Männer und ebenso viele wunderbare engagierte und liebevolle Väter. Die gab es immer und wird es immer geben. Es geht um eine allgemeine Haltung. Um die Haltung, immer den Alleinerziehenden, die nun mal meist Frauen, selten auch Männer sind, die Defizite der Kinder in die Schuhe zu schieben.

Zweifellos ist das Aufwachsen in einer »heilen« Familie das Beste für eine gute und ungestörte Entwicklung der Kinder. Wenn die Familie wirklich heil ist. Wenn Vater und Mutter stets liebevoll, präsent und fürsorglich sind.

Aber muss das Zweitbeste, nämlich alleine bei einer liebevollen, präsenten und fürsorglichen Mutter oder einem ebensolchen Vater aufzuwachsen, deshalb sofort gleichgesetzt werden mit dem Allerschlimmsten?

Sicher ist es wichtig, darüber nachzudenken, welchen Belastungen Kinder durch eine Scheidung ausgesetzt sind. Sicher ist es wichtig, diese Belastungen möglichst gering zu halten und den Kindern mit Rat und Tat zur Seite zu stehen. Sicher ist es weiterhin wichtig, nach der Trennung oder Scheidung die Entwicklung der Kinder mit Aufmerksamkeit zu beobachten und geschiedene Eltern daran zu hindern, ihre Kinder mit in einen nachehelichen Krieg zu verwickeln. Und ganz sicher gibt es auch Trennungen, an denen Kinder zerbrechen. Trennungen, die bei diesen Kindern dann zu ähnlich erschreckenden Entwicklungen wie in jener Ghetto-Studie führen können.

Aber deshalb alle Kinder von Alleinerziehenden in einen Topf zu werfen und zu behaupten, dass das Alleinerziehen an sich Kinder traumatisiert und sie bis ans Ende ihres Lebens in ihrem Kern zerstört, ist an den Haaren herbeigezogen und zeugt von einem ausgeprägten Schwarz-Weiß-Denken.

Die meisten Scheidungskinder sind völlig normale Kinder. Mit völlig normalen Problemen. Mit Schulproblemen (die oft mehr in der Schule begründet sind als in den Kindern selbst) und mit den üblichen Entwicklungs- und Pubertätsproblemen.

Nicht die Trennung und Scheidung der Eltern an sich ist für Kinder traumatisch. Kinder sind flexibel und kommen gut damit zurecht, wenn Mama hier und Papa dort wohnt und sie nach ihren Wünschen und Bedürfnissen hier bei Mama und dort bei Papa sein und wohnen können. Traumatisch für Kinder ist permanenter Streit zwischen den Eltern und noch viel traumatischer ist es, wenn ein Elternteil plötzlich verschwindet.

Das Wichtigste ist also, Kindern nach einer Scheidung weiterhin ungestörten Kontakt mit beiden Eltern zu ermöglichen, nachehelichen Krieg zwischen den Eltern zu vermeiden und den anderen Elternteil nicht vor den Kindern schlecht zu machen.

Leider gibt es – wie schon im vorherigen Kapitel erwähnt – eine Menge Eltern, die diesen Balanceakt nicht hinkriegen. Es gilt also, sich nach der Scheidung wie erwachsene Menschen zu benehmen, den Kindern zuliebe vernünftig zu sein, gute Regelungen zum Wohle des Kindes zu finden und den Kindern den Respekt vor und die ungestörte Liebe zu beiden Eltern zu erhalten.

Wenn Eltern diesen kooperativen und friedlichen Weg nach einer Scheidung finden, haben allein erzogene Kinder durchaus Pluspunkte vorzuweisen.

Nach der Langzeitstudie einer amerikanischen Universität (Cornell-Universität, New York) und Untersuchungen des Deutschen Jugendinstituts in München sind die Kinder von Alleinerziehenden häufig selbstbewusster, selbstständiger und unabhängiger als ihre Altersgenossen aus vollständigen Familien. Sie übernehmen mehr Eigenverantwortung und Verantwortung für andere und sind offener im sozialen Kontakt. Sie haben eine stärker ausgeprägte Sensibilität für gesellschaftliche Diskriminierungen und eine flexiblere Auffassung über die herkömmlichen Rollen von Mann und Frau. Lebenstüchtiger werden sie genannt. Und glücklicher. Glücklicher als Kinder aus vollständigen Familien, wenn dort permanent ungelöste Konflikte schwelen.

Vielleicht wäre es eine gute Idee, sich weniger mit der kritischen Betrachtung von Scheidungskindern zu beschäftigen und aufzuhalten, sondern mehr für ihre Unterstützung zu tun.

Oben genannte Studien haben nämlich herausgefunden, dass nicht das Alleinerziehen an sich, sondern die Begleiterscheinungen des Alleinerziehens das Risiko für Entwicklungsstörungen der Kinder fördern.

Und die Begleiterscheinungen des Alleinerziehens sind: soziale Ausgrenzung, Diskriminierung, Armut und noch mal Armut. Für Eltern und Kinder.

Dazu noch das schlechte Gewissen, das – durch die Diskreditierungskampagnen gegen Alleinerziehende – viele Alleinerziehende in ihrem Selbstverständnis als gute Eltern verunsichert. Wenn mir als Mutter zwanzig Jahre von allen Seiten erzählt wird, dass aus meinem Kind nichts Vernünftiges werden kann, bloß weil ich es alleine erziehe und weil der Vater, der sich längst aus der Verantwortung verabschiedet hat, fehlt, brauche ich gute Nerven und menschliche Stärke, um mein Kind trotzdem zu einem selbstbewussten Menschen zu erziehen. Entgegen allen Unkenrufen wird sich dieses Kind aber genau wegen der guten Nerven und der Stärke zu einem vernünftigen, liebevollen und freundlichen Erwachsenen entwickeln.

Viele Kinder von allein erziehenden Müttern sind mittlerweile schon erwachsen. Die meisten von ihnen fühlen sich ganz wohl in ihrer Haut.

Und wenn das ein oder andere Kind sich nicht so wohl fühlt in seiner Haut, liegt das vermutlich weniger am Alleinerziehen, sondern mehr daran, dass Menschenkinder nun mal keine beliebig formbaren Knetgummis sind, die, wenn man die richtigen Zutaten verwendet, stets einen glücklichen Erwachsenen ergeben. Die richtigen Zutaten sind natürlich die vollständige Familie, das Haus mit Garten und Kinderzimmer nach Südwest, die musikalische Früherziehung und die beste Schule.

Wie viele Kinder haben diese richtigen Zutaten und sind doch keine glücklichen Kinder. Wie viele von uns Erwachsenen hatten diese richtigen Zutaten und sind doch keine glücklichen Erwachsenen geworden.

Menschen bringen auch ein Schicksal mit auf die Welt. Niemand weiß, warum das eine Kind wächst und das andere zerbricht. Das Leben ist für jeden von uns eine Herausforderung und jeder kann daran wachsen oder auch zerbrechen.

Seit einiger Zeit wird in Psychologenkreisen über die so genannte »Resilienz« diskutiert. Resilient zu sein heißt, die seelische Fähigkeit zu haben, belastenden Situationen mit lebensbejahenden Ressourcen entgegenzutreten, eigene Möglichkeiten zu entwickeln und trotz der belastenden Situationen kraftvolle Lösungen für das persönliche Leben zu finden. Resilient können Kinder und Erwachsene sein.

Resilienz besitzen Menschen, die Herausforderungen als Chance zum Wachsen sehen. Menschen, die nicht bei jedem Problem, das sich ihnen in den Weg stellt, sofort nach Hilfe schreien oder resignieren. Resiliente Menschen finden für alle Lebenssituationen eine Lösung. Und für außergewöhnliche Lebenssituationen auch außergewöhnliche Lösungen. Das macht sie stark.

Interessanterweise deckt sich die Beschreibung resilienter Menschen mit der Beschreibung der Kinder von Alleinerziehenden aus oben genannten Studien. In Bezug auf die Entwicklung von Resilienz scheint das Alleinerzogenwerden sich also nicht nachteilig auf die Entwicklung der Kinder, sondern eher positiv auf ihre Lebenstüchtigkeit auszuwirken.

Nur Mut!

Es gibt keinen seriösen Beweis dafür,
dass allein erzogene Kinder Defizite entwickeln.

Lassen Sie sich nicht verunsichern.
Ihre Kinder spüren,
wenn Sie unsicher sind
und wenn Sie glauben
– auch nur insgeheim glauben –,
dass allein erzogene Kinder Defizite entwickeln.

Wenn Sie eine kompetente und intelligente allein erziehende Mutter
oder ein ebensolcher Vater sind,
haben Ihre Kinder genügend Halt an Ihnen
und Ihrer Erziehungskompetenz.

Und wenn Sie Ihren Kindern zusätzlich
einen guten und ungestörten Kontakt
mit dem getrennten Elternteil ermöglichen,
gibt es schon überhaupt keinen Beweis dafür,
dass Ihre Kinder Defizite entwickeln könnten.

Vertrauen Sie Ihren Kindern.
Kinder wissen ganz genau,
was sie brauchen, und sagen das auch ohne Scheu.

Babys und Kindergartenkinder

Babys sind niedlich und süß. Jeder einigermaßen gut sozialisierte Mensch wird beim Anblick eines Babys weich und reagiert mit dem Impuls, dieses niedliche und hilflose Wesen zu beschützen. Das hat die Natur so in uns einprogrammiert. Wegen der Mammuts – damit die Menschheit überlebt.

Eine Mutter mit ihrem neugeborenen Kind im Stich zu lassen hätte in der Mammut-Zeit das Todesurteil für beide bedeutet. Keine Frau kann ohne den schützenden Rückhalt einer fürsorglichen Umgebung gebären, stillen und sich 24 Stunden rund um die Uhr um ihr Neugeborenes kümmern. In der heutigen Zeit ist das Im-Stich-Lassen einer Mutter mit neugeborenem Kind natürlich kein Todesurteil mehr, aber trotzdem keine nette Geste. Regnet es beispielsweise in Strömen, ist es für die allein stehende Mutter bereits ein Riesenaufwand, einfach nur Windeln für ihr Baby kaufen zu gehen. Oder für sich selbst etwas zu essen zu kaufen. Deshalb sollte man Männer, die schwangere Frauen mit Absicht sitzen lassen, eigentlich gesetzlich verbieten.

Babys sind aber nicht nur niedlich und süß, sie machen auch viel Arbeit. Babys brauchen mehr als ein halbes Jahr, bis sie die Sache mit dem nächtlichen Schlaf verstanden haben. Sie müssen mindestens sechsmal am Tag gefüttert werden. Sie machen achtmal in die Hose beziehungsweise Windel. Sie wollen 24 Stunden herumgetragen sein. Sie haben Blähungen, Koliken und Schmerzen beim Zahnen. Sie schreien, werden laut und durchdringend. Auch in der Nacht, sodass an einen ruhigen, erholsamen Schlaf gar nicht zu denken ist.

Menschen, die Babys nur aus der Ferne kennen, glauben, so ein winziges Wesen kann doch nicht so viel Arbeit machen. Denn ihnen wird meist nur die Schokoladenseite präsentiert. Doch weit gefehlt. Ein Baby ist ein Full-Time-Job. Mindestens ein halbes Jahr. Erst dann kann die Mutter daran denken, einmal in Ruhe zu duschen oder zum Frisör zu gehen.

Nach einem halben Jahr werden Babys mobil, beginnen zu krabbeln und die Welt zu erkunden. Die Mutter muss den ganzen Tag dem Baby hinterherlaufen und aufpassen, dass es nicht an einer herumliegenden Erdnuss erstickt, sich am Kabel des Telefons erwürgt oder einen Schlag kriegt, weil es gerade mit nassgesabberten Fingerchen in die Steckdose greift. Immer noch ein Full-Time-Job.

Mit ungefähr einem Jahr steht das Kind zwar auf seinen Füßen, kann aber nach wie vor an einer Erdnuss ersticken oder sich mit einem Telefonkabel erwürgen. Außerdem braucht es ab und zu frische Luft, viel menschliche Ansprache und pädagogische Betreuung und Belustigung. Und das nicht nur einmal in der Woche oder im Monat, sondern jeden Tag. Den ganzen Tag.

Jeder Psychologe wird bestätigen, dass Kinder bis zum Alter von drei Jahren ein so genanntes Urvertrauen in die Welt und in die Menschen entwickeln müssen, um später zufriedene, lebenstüchtige Erwachsene zu werden. Im besten Fall hat das Kind eine stabile Betreuungsperson, an der es sich die ersten drei Jahre orientieren kann. In den meisten Fällen ist das die Mutter.

95 Prozent aller jungen Mütter gehen in die Elternzeit, leben vom Erziehungsgeld, Kindergeld und Einkommen des Partners und sind damit die ersten drei Jahre diese stabile Betreuungsperson für ihr Kind. Fünf Prozent der jungen Väter übernehmen in dieser Zeit die Baby-Verantwortung und manchmal teilen sich auch beide Eltern die gesetzlich mögliche Elternzeit.

Bei der allein erziehenden Mutter gestalten sich diese ersten drei Jahre mit Kind schon schwieriger. Auch sie will natürlich diese stabile Betreuungsperson für ihr Kind sein, hat aber keinen Partner, von dessen Einkommen sie leben kann. Vom Erziehungs- und Kindergeld allein kann sie nicht leben. Davon kann niemand leben, erst recht nicht, wenn man ein Kind zu versorgen hat.

Also muss sie entweder viel erben, im Lotto gewinnen oder zum Sozialamt gehen. Und schon ist sie stigmatisiert.

Schon ist sie die nächste allein erziehende Mutter, die von der Sozialhilfe lebt. Kann sie nicht arbeiten gehen? So wie alle anderen

Menschen? Muss sie dem Staat auf der Tasche liegen? Nein, muss sie nicht. Sie muss sich nur zwischen Kind und finanziellem Überleben entscheiden. Rabenmutter oder Sozialhilfe.

Sicher kann sie arbeiten gehen. Wenn sie eine Arbeit hat. Und eine vernünftige Betreuung für ihr Kind. Eine Tagesmutter, die sich um das Kind kümmert. Eine Kinderfrau, die viel Geld kostet. Eine Kinderkrippe. Eine der unüberschaubar vielen Kinderkrippen Deutschlands. In den alten Bundesländern kommen auf hundert Kinder ganze drei Krippenplätze. Vielleicht kann sie auch die Oma für die Kinderbetreuung einspannen. Immer mehr ältere Frauen, die in ihrem Leben schon genug gearbeitet haben, werden von jungen Familien zum Kinderhüten eingespannt.

Natürlich sei jeder Oma das Enkel-Hüten von Herzen gegönnt, es verfälscht nur leider die Statistik. Denn in der Statistik über die Berufstätigkeit von Müttern sieht das dann so aus, als ob jede Mutter ohne Probleme Kinder, Haushalt und Arbeit locker unter einen Hut kriegt und demnach kein Bedarf am weiteren Ausbau von Kinderbetreuungseinrichtungen besteht. Die Gesellschaft kann sich im Glauben wiegen, längst alles für Mütter getan zu haben, nur weil die Omas als nimmermüde Reservearmee alles locker unter einen Hut bringen. Kinder und Kindeskinder.

Bei der allein erziehenden Mutter gestalten sich diese ersten drei Jahre mit Kind aber nicht nur wegen der finanziellen Situation schwierig. Entweder geht sie zum Sozialamt und lebt mit ihrem Kind immer entlang der Armutsgrenze oder sie geht arbeiten, gibt das erarbeitete Geld für die Kinderbetreuung aus und lebt mit ihrem Kind genauso entlang der Armutsgrenze. Das kriegen die meisten Alleinerziehenden ganz gut hin. Sie kaufen eben nur bei Aldi und im Secondhand-Laden, verzichten auf Parfüm und andere Kinkerlitzchen und sind froh, wenn das Geld für die Miete und die Windeln reicht. Schließlich haben sie ein Kind, den größten Schatz der Welt, und für Kinder verzichten Mütter seit Jahrtausenden gern. Das Problem ist weniger das knappe Geld, das eigentliche Problem ist die Kombination von Armut und dem Mangel an Möglichkeiten.

Keine Möglichkeit, Freizeitbeschäftigungen, Hobbys und soziale Kontakte zu pflegen. Keine Möglichkeit, ins Kino oder Theater zu gehen, in Urlaub zu fahren oder einfach einmal abzuschalten und nicht verantwortlich zu sein. Für nichts und niemanden.

Alleinerziehende sind rund um die Uhr allein erziehend. Wenn sie etwas unternehmen wollen, müssen sie ihr Kind mitnehmen. Immer. Das Kind aber ist müde, quengelt, schreit oder steckt seine nassgesabberten Fingerchen in die Steckdose. Zum Yogakurs kann man kein Kind mitnehmen. Ins Kino oder Theater auch nicht. Entweder bezahlt die Mutter von dem Geld, das sie nicht hat, einen Babysitter oder sie bleibt zu Hause.

Alleinerziehende bleiben viel zu Hause. Soziale Isolation macht sich breit. Und das, wenn das Kind noch keine drei Jahre alt ist.

Alleinerziehende treffen sich oft mit anderen Alleinerziehenden. Weil die auch kein Geld haben. Weil die Verständnis haben dafür, dass man schon zwei Jahre nicht mehr im Kino war. Weil das Kind dort mit den Kindern der anderen Alleinerziehenden spielen kann. Und weil es dort nicht so peinlich ist, dass man selbst und das Kind nur Secondhand-Kleider trägt, man kein Auto und keine schöne Wohnung hat und nie Parfüm benutzt.

Zweifelsohne ist die Gewöhnung an das neue Leben mit Kind für alle Mütter schwierig.

Aber nicht allein erziehende Mütter haben einen Partner, der sie dabei unterstützt, während sie sich gewöhnen. Einen Partner, mit dem sich über dieses neue Leben mit all seinen Höhen und Tiefen sprechen lässt, der Geld verdienen geht, der abends nach Hause kommt und der mal mit anpackt. Der die Wäsche wäscht, den Müll wegträgt und den Einkauf erledigt.

Alleinerziehende haben niemanden. Sie machen alles alleine.

Kann man dabei überhaupt Spaß haben? Man kann. Es macht Spaß und Freude zu sehen, wie das Kind wächst und sich gut entwickelt. Es befriedigt, das Leben trotz aller erschwerenden Umstände und Widrigkeiten in den Griff zu kriegen. Es macht aber keinen Spaß und befriedigt nicht, immer alles alleine zu machen, immer allein zu sein, zu Hause zu sitzen, sich wegen seiner Armut zu schämen und nie ins Kino gehen zu können.

Nach drei Jahren eröffnen sich endlich neue Horizonte.

Nach dem Balanceakt zwischen Tagesmutter, Kinderfrau oder Oma darf das Kind in den Kindergarten und die Mutter, ob allein erziehend oder nicht, kann wieder arbeiten gehen. Vielleicht von 9.00 bis 12.00 oder 14.00 Uhr.

So berauschend sind die neuen Horizonte also nicht.

Zwar werden Alleinerziehende bei der Vergabe von Kindergartenplätzen bevorzugt, aber was lässt sich von 9.00 bis 12.00 oder 14.00 Uhr arbeiten und wie viel Geld kann man in dieser Zeit verdienen? Teilzeitjobs sind rar und nur 21 Prozent aller Kindergartenplätze sind Ganztagsplätze.

Die allein erziehende Mutter sitzt also wieder beim Sozialamt und muss warten, bis sich politische Prioritäten verlagern, die Kindergartenganztagsplätze ausgebaut sind und es auch Frauen endlich irgendwann und irgendwie möglich sein wird, Kind und Arbeit unter einen Hut zu bringen.

Ob mit, ob ohne Arbeit, Kindergartenplatz und Halb- oder Ganztagsbetreuung, zu Hause ändert sich für die allein erziehende Mutter nichts. Sie ist immer noch allein, sie macht alles allein und sie ist und bleibt arm. Und das, was überhaupt keinen Spaß daran macht, ist, dass man – egal, wie man sich dreht und wendet, wie pfiffig und einfallsreich man ist und wie sehr man sich bemüht, die eigene Situation zu verändern und zu verbessern – immer auf Granit beißt. Auf den Granit der jahrtausendealten, aber heute nicht mehr funktionierenden Rollenverteilung. Der Rollenverteilung, die besagt: Männer verdienen Geld und Frauen hüten die Kinder.

Alleinerziehende hüten Kinder und müssen Geld verdienen.

Leicht wird ihnen das hierzulande nicht gemacht. Für sie ist es nämlich kein theoretisch zu diskutierendes, sondern ein praktisch zu lösendes Problem. Jeden Tag, jede Woche und jeden Monat. Die nächsten zwanzig Jahre lang.

Ganz Mutter

Sie müssen nicht arbeiten gehen!
Dass Frauen mit kleinen Kindern
unbedingt arbeiten gehen müssen oder wollen,
ist eine Erfindung der modernen Zeit.
Ihr Baby oder Ihr Kleinkind
hat jedes Anrecht auf Ihre liebevolle und ungestresste Anwesenheit.
Lieber drei Jahre vom Sozialamt leben,
als sich in der Mitte auseinander zu reißen
– zeitlich und auch emotional.

Mutter-Sein ist eine wichtige Arbeit.

Wenn Sie trotzdem aushäusig arbeiten gehen wollen,
nehmen Sie jede Hilfe in Anspruch, die Sie erhalten können.
WIRKLICH JEDE.
Von den Großeltern, von Freunden, von staatlichen Institutionen.
Holen Sie sich,
wenn Sie schon in der Schwangerschaft allein sind,
zuerst und sofort Hilfe beim VAMV,
dem Verband alleinerziehender Mütter und Väter
(siehe Seite 122).

Es gibt Stiftungen für Mütter in Not,
es gibt besondere Gelder für Mütter in Not,
es gibt Hilfe und Unterstützung.
Sie sind zwar allein erziehend,
aber nicht mutterseelenallein erziehend.

Schulkinder

Schulkinder sind nicht mehr so anstrengend wie Kleinkinder und noch nicht so anstrengend wie Pubertierende. Die Schulkindzeit ist eine schöne Zeit. Sogar für Alleinerziehende. Schulkinder sind offen, freundlich, liebenswürdig, lustig und aufgeschlossen. Sie helfen im Haushalt. Sie machen manchmal schon etwas alleine und man kann sie auch schon mal alleine lassen. Sie haben Freunde und Hobbys und sind oft unterwegs. Schulkinder zu haben macht richtig Spaß.

Das Einzige, was diesen Spaß nachhaltig stört, ist die Schule.

Die meisten Kinder freuen sich auf die Schule. Neugierig und vielleicht noch ein wenig ängstlich stehen sie mit ihrer großen Schultüte am ersten Schultag auf dem Schulhof. Auch die meisten Eltern freuen sich auf die Schule. Auch für sie beginnt ein neuer Lebensabschnitt und sie stehen ebenso neugierig und vielleicht noch ein wenig ängstlich neben ihren Kindern.

Einige Wochen später ist der neue Lebensabschnitt Alltag geworden und die Freude zum größten Teil bereits vergangen. Warum so vielen Kindern und Eltern schon nach so kurzer Zeit die Freude an der Schule vergeht, ist ein viel zu umfangreiches Thema, um es an dieser Stelle ausführlich zu besprechen. Zahlreiche dazu veröffentlichte Bücher und Artikel leisten da sicher einen viel besseren Beitrag.

Ich kann nur erzählen, warum mir die Freude vergangen ist.

Meine Kinder waren 27 Jahre an staatlichen Schulen. Vierzehn Jahre der Sohn, dreizehn die Tochter. Ich weiß also, wovon ich spreche. Meine Kinder waren in einer kleinen und freundlichen Grundschule und in weiterführenden Schulen. In Gesamtschulen mit oder ohne integrierte Förderstufe, in Ganztagsschulen mit oder ohne Mittagessen, in Gymnasien mit oder ohne angeschlossenen Hort und in einer Realschule ohne alles. Zwischendurch war mein Sohn für vier Wochen in einem Internat. Abitur haben sie dann auf einem Abendgymnasium gemacht. Ohne Weiteres.

Bis auf die Grundschule und das Abendgymnasium waren die Schulen qualitativ nicht sehr überzeugend. Die meisten Schulen in Deutschland leiden an der ihnen von staatlicher Seite aufgetragenen, aber den Spaß und die Freude am Lernen behindernden aufgeblähten Bürokratie.

Diese Bürokratie begann schon vor der Einschulung.

Eltern dürfen sich nicht aussuchen, in welche Grundschule ihr Kind gehen soll. Nach Planquadraten und Wohnbezirken eingeteilt, wird dem Kind eine Schule zugewiesen. Ob auf dem Schulweg drei stark befahrene Hauptstraßen liegen, ob die Schule neben der Arbeitsstätte von Vater oder Mutter liegt oder am anderen Ende des Stadtteils, ob das Kind überhaupt in diese Schule gehen möchte, interessiert niemanden.

In rüden amtsdeutschen Worten erklärt ein vorgefertigtes Formular, dass man sich nebst einzuschulendem Kind beim Schularzt einzufinden habe. Pünktlich und mit vollständig ausgefülltem Impfausweis. Der Schularzt wirft einen gestrengen Blick in den Impfausweis, lässt das Kind mit der linken Hand ans rechte Ohr und mit der rechten Hand ans linke Ohr fassen und erklärt es für schulreif. Die Mutter wagt kaum mehr zu fragen, ob das Kind nicht ein Jahr später eingeschult werden kann, weil des Kindes bester Freund auch ein Jahr später eingeschult wird und weil man die zwei Kinder nicht auseinander reißen will. Wer will schon im zarten Alter von sechs Jahren den Freunden entrissen werden? Doch dafür hat ein Schularzt kein Verständnis. Da müssen Sie einen ordnungsgemäßen Antrag bei der obersten Schulbehörde, der für Sie zuständigen Meldebehörde und dem Gesundheitsamt stellen.

Nach mehreren Wochen intensiver Korrespondenz mit den Behörden durfte mein Kind dann doch ein Jahr später eingeschult werden. Leider kam es in die falsche Schule, denn wegen meines Wohnbezirkes wurde das Kind einer anderen Schule zugeteilt und mit knapp sieben Jahren dann doch seinem Busenfreund entrissen.

Als allein erzogenes Kind hatte der kleine Wicht aber schon genügend Resilienz gegenüber den Schwierigkeiten des Lebens entwickelt und fand in der zugeteilten Schule schnell neue Freunde. Meine Tochter, nur 14 Monate jünger, wurde ein Jahr später der gleichen Grundschule zugewiesen.

Nach Jahren des einsamen Improvisierens zwischen Job, Haushalt und Kindern kam mir endlich jemand zu Hilfe: Vater Staat (der biologische Vater der Kinder hatte sich längst aus seiner Verantwortung verabschiedet). Leider hatte dieser neue Vater immer nur vormittags Zeit, sich um die Kinder zu kümmern. In der ersten Klasse manchmal nur von 8.00 bis 10.30 Uhr oder von 9.30 bis 12.00 Uhr. Mal fiel eine Stunde aus, mal fand eine Stunde nicht statt. An Tagen mit vollem Stundenplan waren die Kinder von 8.00 bis 12.45 Uhr in der Schule. Es gab hitzefrei, frei wegen einer Lehrerkonferenz, frei aus unerklärlichen Gründen und einfach nur so frei. Die Kinder wurden dann ohne Nachricht und Kommentar außerhalb der regulären Schulzeit nach Hause geschickt.

Mir kam das bekannt vor: Vati hat keine Zeit und geht davon aus, dass Mutti daheim ist und sich um die Kinder kümmert. Offenbar wollte nicht nur der biologische Vater, sondern auch Vater Staat mir ermöglichen, die Familienphase möglichst lange auszudehnen.

Wie sollen Alleinerziehende zuverlässig zur Arbeit gehen, wenn sie für ihr Kind keinen der raren Hortplätze für den Nachmittag ergattern konnten und die Schule so unzuverlässig ist? Wenn sich jeden Tag am Stundenplan etwas ändert? Wenn die Kinder ohne Vorankündigung nach Hause geschickt werden? Und wie sollen sie überhaupt arbeiten gehen, wenn die Kinder manchmal nur zwei Stunden Unterricht am Tag haben? Es gibt keinen Arbeitgeber, der Verständnis dafür hat, dass Mütter nur zwei Stunden am Tag arbeiten können oder alles stehen und liegen lassen, weil das Kind wieder mal früher als geplant aus der Schule kommt. Es gibt auch keinen Arbeitgeber, der Müttern drei Monate Urlaub im Jahr gibt, nur weil die Kinder Ferien haben.

Was tut die allein erziehende Mutter mit diesem Schulwesen? Sie sitzt schon wieder auf dem Flur beim Sozialamt und muss warten, bis sich die politischen Prioritäten verschieben und endlich genug Ganztagsschulen gebaut worden sind. Und das hoffentlich nicht nur wegen der Pisa-Studie, sondern auch um Frauen endlich zu ermöglichen, irgendwann und irgendwie Kind und Arbeit unter einen Hut zu bringen.

Nach der Grundschule, also nach vier Jahren des Improvisierens und Lavierens, sind die Kinder zehn Jahre alt und kommen in weiterführende Schulen. Hier weht plötzlich ein anderer Wind. Die Schüler werden mit Stunden und Hausaufgaben zugepackt, verstehen bald nur noch die Hälfte und Mutter kann am Nachmittag den Nachhilfelehrer spielen. Wenn das Wissen der Mutter nicht mehr ausreicht, übernehmen professionelle Institute diese Arbeit.

Mit Nachhilfeunterricht wird nach aktuellen Schätzungen des Instituts für Deutsche Wirtschaft etwa eine Milliarde Euro im Jahr umgesetzt. Ein gut florierender Wirtschaftszweig, der sich um das schulische Weiterkommen von Kindern gut betuchter Eltern bemüht. Die Kinder von Alleinerziehenden gucken währenddessen in die Röhre. Denn wo das Geld nur mit Mühe für die Miete und das Essen reicht, bleibt für Fördermaßnahmen kein Cent übrig.

Nicht nur ich, sondern auch unsere Bundesbildungsministerin bringt die Sache auf den Punkt, indem sie öffentlich bemängelt: »Die sehr viel schlechteren Chancen für Kinder aus unteren Einkommensschichten auf erfolgreiche und gute Bildung sind für ein reiches Land wie Deutschland ein beschämendes Armutszeugnis.« Dem ist nichts hinzuzufügen.

Wenn der Ernst des Lebens beginnt

Versuchen Sie Ihr Kind in einer Ganztagsschule unterzubringen. Ganztagsschulen sind prima für Kinder und entlastend für Eltern. In vielen Ländern ist die Ganztagsschule die übliche Schulform.

Falls keine Ganztagsschule in Ihrer Nähe ist
oder erst gebaut wird,
wenn Ihr Kind längst erwachsen ist:
Geben Sie Ihr Kind in einen Hort.
Als Alleinerziehende haben Sie bevorzugt Anspruch auf einen Hortplatz.

Vielleicht können Sie sich auch mit anderen Eltern zusammenschließen und
a) gemeinsam für eine Ganztagsschule kämpfen und
b) sich gegenseitig in der Kinderbetreuung entlasten.

Falls Ihr Kind schlecht in der Schule ist:
!!! Das hat nichts mit dem Alleinerziehen zu tun !!!
Dulden Sie niemals, dass Lehrer/Innen behaupten,
dass die Fünf in Mathe auf das Alleinerziehen zurückzuführen ist.
Auch Lehrer/innen sind nicht frei von Vorurteilen.

Falls Ihr Kind auch mit netten Lehrkräften
schlecht in der Schule ist:
Üben Sie sich in Geduld
und schenken Sie dem Kind positive Zuversicht.
Die meisten Kinder brauchen nicht mehr Druck,
sondern mehr Liebe.

Pubertierende

Pubertierende Kinder sind nicht niedlich und süß. Pubertierende Kinder helfen nicht im Haushalt. Sie sind unwillig, respektlos und kein bisschen liebenswürdig. Familienintern werden sie deshalb manchmal auch »Kotzbrocken« genannt. Sie haben die falschen Freunde und die falschen Hobbys. Man kann sie nie alleine lassen. Weil sie dann Blödsinn machen. Haschisch rauchen, Alkohol trinken, brutale und doofe Computerspiele aus dem Internet laden, die Wohnung in einen Dreckhaufen verwandeln und Schule schwänzen. Pubertierende Kinder sind eine Herausforderung.

Eine ziemlich große Herausforderung. Und gleichzeitig sind sie eine fröhliche, liebenswerte, bunte und muntere Provokation.

Eines Sonntagmorgens stehen sie wie üblich gegen 13.00 Uhr auf, färben sich die Haare grün, bauen sich mit ihren 1,85 Metern Körpergröße vor einem auf und sind ab sofort erwachsen.

Die Herausforderung beginnt. Das Kind ist 15 Jahre alt, grottenschlecht in der Schule und hat auf nichts mehr Bock. Auf gar nichts. Zimmer aufräumen: ätzend. Mit dem Hund spazieren gehen: ätzend. Aufgaben machen: sowieso oberätzend. In der Schule reden sich die Lehrer den Mund fusselig und bestellen die Mutter zu einem ernsten Gespräch. Versetzung akut gefährdet. In vorsichtigen Worten deutet der Lehrer an, dass beim nächsten Sitzenbleiben der Rausschmiss aus der Schule fällig ist. Dem pubertierenden Kind ist das völlig egal. Die Mutter dachte ans Abitur, aber vielleicht schafft das Kind wenigstens die mittlere Reife. Wenn man laut genug schimpft und es hundertmal am Tag ermahnt. Die Ermahnungen gehen zum einen Ohr rein und zum anderen raus, denn in der Zwischenzeit hat das Kind angefangen zu kiffen.

Und bringt es dem Geschwister auch gleich bei. Das zweite Kind ist nämlich über Nacht ebenfalls in die Pubertät gekommen.

Die Herausforderung nimmt langsam ordentliche Formen an. Zwei Kinder im Abstand von eineinhalb Jahren, die mit 15 und 14 Jahren erwachsen sind. In der Mutter wächst ein rot glühender

Zorn. Vielleicht hätte man die Kinder in der Babyphase nicht so viel herumtragen und verwöhnen sollen. Vielleicht war man zu nachgiebig. Und vermutlich fehlt ihnen doch der Vater.

Wo ist der Kerl überhaupt? Dieser Kerl, der einmal, nur ein einziges Mal ein Machtwort sprechen soll, ist leider 800 Kilometer weit weggezogen, geht dort völlig pubertätsunbehelligt seiner Karriere nach und schreibt mir, dass die Kinder verwöhnte Wohlstandsgören wären, denen die väterliche Autoritätsfigur fehlt. Ich bin leider zu inkonsequent, um ihm die Kinder zu schicken, damit er in seinem 14-Stunden-Karriere-Tag den verwöhnten Gören diese fehlende Autorität zukommen lassen kann.

Ja, das sind die wahren Sternstunden im Leben einer allein erziehenden Mutter. Derselben Mutter, der, nachdem der Zorn verraucht ist, eine zähneklappernde Angst im Herzen wächst. Von den Kindern ist eins mittlerweile in der Schule sitzengeblieben, beide experimentieren mit Drogen, hören nicht mehr auf mich und sind für kein gutes Wort und Argument mehr zugänglich.

Ich bin hilflos und suche Rat bei der Erziehungsberatungsstelle.

Dort treffe ich auf einen wunderbaren Psychologen, der mich beruhigt und mir patente Rezepte für die aus dem Ruder geratenen Kinder gibt.

Die Herausforderung ist jetzt, trotz der Probleme mit den Kindern im Gespräch zu bleiben. Für sie da zu sein. Sie zu akzeptieren und nicht zu glauben, dass sie den richtigen Weg verloren haben. Nicht in pädagogische Aktivitäten zu verfallen. Die Herausforderung ist, die Kinder jetzt als pubertierende Rotzlöffel zu lieben. Als Erwachsene den Überblick zu behalten und mit ihnen zu lachen. Auch über die Pubertät mit all ihren chaotischen Verwirrungen.

Trotz Psychologe und seinen Rezepten werden die Kinder immer schwerer zu bändigen. Zwei Jahre lang lebe ich mit zwei Wesen von einem anderen, sehr fremden Stern in einem Erdbebengebiet.

Das Abitur habe ich längst abgeschrieben und trotz Schimpfen und hundert Ermahnungen am Tag geht auch langsam die Hoffnung auf die mittlere Reife flöten. Wahrscheinlich habe ich alles falsch gemacht. Von Anfang an. Statt der sanften Geburt nach Leboyer hätten sie beim ersten Schrei besser einen Klaps auf den Hintern gekriegt. Statt ein Jahr Im-Tuch-Herumtragen und Stillen nach Bedarf hätte ich sie besser in ihrer Wiege schreien lassen. Statt arbeiten zu gehen wäre ich besser zu Hause geblieben.

Und vor allem: Statt mich scheiden zu lassen, wäre ich bloß besser verheiratet geblieben. Schuldgefühle fressen sich wie grauer Nebel in mein Gehirn.

Ohne Scheidung hätte ich jetzt ganz bestimmt zwei artige, hilfsbereite, überaus nette, freundliche, glückliche und zielstrebig auf das Abitur zueilende Kinder und nicht zwei aus dem Ruder geratene Monster.

Eines Nachts, die Kinder waren mal wieder Gott-weiß-wo mit Gott-weiß-wem und machten Gott-weiß-welchen-Unfug, fuhr ich im Bett auf und wusste mit unerbittlicher Klarheit, dass ich die Kontrolle über die Kinder verloren hatte.

Und genau das war der entscheidende Wendepunkt.

Der liebe Gott – oder die Evolution – hat die Pubertät nicht gemacht, damit Kinder in diesem Lebensabschnitt zielstrebig zum Abitur eilen, sondern damit sie sich richtig schlecht benehmen und die Eltern restlos die Kontrolle verlieren. Wenn sich ein Siebzehnjähriger nämlich noch von Mama kontrollieren lässt, ist die Sache mit der Erziehung gründlich danebengegangen.

Ich hatte mit den Kindern nichts falsch gemacht, weder in der Babyphase noch später, ich war nur einer Illusion aufgesessen. So wie alle wohlwollenden Eltern einer Illusion aufsitzen. Nämlich der Illusion, dass sich im Eltern-Kind-Verhältnis nie etwas ändert, dass die Kinder immer die Kinder bleiben und dass der Abschied von der Kinderzeit irgendwann später, aber noch nicht jetzt, sondern viel später und niemals und auf keinen Fall so heftig sein wird.

Kinder müssen sich in der Pubertät von den Vorstellungen ihrer Eltern lösen, damit sie erwachsen werden können. Wenn sie immer weiter niedlich und süß, liebenswürdig, freundlich, hilfsbereit und kompatibel sind, kann sich keiner von keinem lösen. Denn auch die Eltern müssen sich lösen. So wie das Kind sich in der Pubertät von seiner Kinderzeit verabschiedet, müssen sich auch die Eltern in der Pubertät von der Kinderzeit ihrer Kinder verabschieden. Ein Prozess, der nie ohne Beulen und blaue Flecken vonstatten geht. Für Kinder und Eltern eine große Herausforderung.

Vermutlich eine der größten Herausforderungen des Lebens.

Als ich das endlich verstanden hatte, ging es aufwärts.

Ich konnte den Kindern erlauben, in Ruhe erwachsen zu werden, und sie mussten mich nicht mehr mit allem möglichen Blödsinn provozieren. Sie räumten ihr Zimmer und ihr Leben auf, machten auf verschlungenen, aber mir Respekt einflößenden Wegen ihr Abitur, wurden Studenten und zogen aus.

Heute sind wir – soweit das zwischen Eltern und Kindern nach all den komplizierten Abnabelungsprozessen möglich ist – Freunde, die ihre jeweiligen Entwicklungen und Wege mit gegenseitigem Respekt und liebevoller Anteilnahme begleiten. Ich bin stolz auf meine Kinder und die Kinder sind stolz auf mich. Auch der 800 Kilometer entfernte Vater ist stolz und mehr kann man sich als Eltern doch nicht wünschen.

Hormone in Aufruhr

Alleinerziehende sind besonders von der Heftigkeit der Pubertät beeindruckt,
weil sie oft einen freundschaftlich-partnerschaftlichen Erziehungsstil pflegen.
In der Pubertät
können Sie aber nicht der gute Freund Ihrer Kinder sein.
In der Pubertät müssen Sie der Rudelchef sein.
Erst nach der Pubertät
können Sie wieder der gute Freund Ihrer Kinder sein.

Natürlich ist es völliger Käse,
dass heftige Pubertätswirren vor allem auf das Alleinerzogenwerden zurückzuführen sind.
Stellen Sie sich aber darauf ein, dass Ihnen das JEDER sagt!

Wenn Ihnen die Sache über den Kopf zu wachsen droht,
gehen Sie frühzeitig zu einer Erziehungsberatungsstelle.
Sie haben nicht als Mutter oder Vater versagt,
wenn Sie sich dort Hilfe holen.

Auch vollständige Familien
haben Sorgen mit ihren Kids in der Pubertät.

Versuchen Sie Ihren Humor zu bewahren
und humorvoll mit Ihren Kindern umzugehen.
Auch pubertierende »Kotzbrocken« sind für Humor empfänglich.

Denken Sie ab und zu an Ihre eigene Pubertät zurück.

Die Küche

Die Küche ist nicht nur der Herd. Die Küche ist viel mehr der Herd und der gesamte Rest des Haushalts. Das ist nicht nur anstrengend, sondern beansprucht auch eine Menge Zeit: Mütter von einem oder mehreren Kindern verbringen ungefähr drei Viertel ihres Mutterlebens in der Küche und bei Aufräumarbeiten.

Die Küche ist auch einkaufen, im Supermarkt an der Kasse stehen, Tüten nach Hause schleppen, Kühlschrank putzen, Waschmaschine reparieren, Bunt- und Kochwäsche ordnen, waschen, aufhängen, abhängen, bügeln und wegräumen, Betten machen, Staub wischen, saugen, aufräumen, den Keller und Speicher in Ordnung halten, Gläser polieren, Teller, Tassen und Töpfe spülen, Badewanne, Dusche und Toilette schrubben, Waschbecken nicht vergessen, Vorhänge abhängen, waschen und wieder aufhängen, lüften, Knöpfe annähen, Hosen flicken, Schuhe putzen und all die anderen tagtäglich wiederkehrenden eintönigen und lästigen, aber leider notwendigen Arbeiten im Haushalt einer Familie.

Die Küche ist aber auch der Herd.

Kinder wollen dreimal am Tag essen. Frühstück. Tisch decken und abräumen, abwaschen. Mittagessen. Tisch decken und abräumen, abwaschen. Abendbrot. Tisch decken und abräumen, abwaschen. Mindestens eine Mahlzeit muss eine gesunde und vollwertige Mahlzeit sein. Kein Fertiggericht aus der Mikrowelle, sondern Salat zupfen, Gemüse schnippeln, Kartoffeln schälen und Braten in die Röhre. Als Imbiss gibt es Schüsseln voller Cornflakes und Milch. Zwischendurch nehmen die Kinder zwölf Gläser aus dem Schrank, weil sie immer, wenn sie Durst haben, ein neues Glas nehmen. Eins der Gläser geht garantiert jeden Tag entzwei. Also auf die Knie und Splitter fegen.

Kinder machen Unordnung und Dreck. Sie spielen im Regen und Matsch und trampeln mit schmutzigen Gummistiefeln durch den gerade frisch geputzten Flur. Sie verteilen ihre Spielsachen in der Wohnung, kleben Kaugummis unter den Tisch, zerbeulen das Sofa mit Hopse-Spielen, patschen mit klebrigen Fingern auf Spiegel und Fenster und verschütten Kakao auf den Teppichboden. Sie schieben Möbel zum Eisenbahn-Spielen um, bemalen Tapeten und spielen so lange mit der Fernbedienung des DVD-Rekorders, bis dieser – ups – kaputt ist. Sie löschen Festplatten auf dem Computer. Meine Festplatte wurde zweimal gelöscht. Und sie überspielen Lieblingsmusik-Kassetten, weil sie ein wichtiges Fußballspiel aufnehmen müssen und keine leere Kassette zur Hand haben, und dann sagen sie: Die brauchtest du doch nicht mehr, Mama, oder?

Das ist Teil des täglichen Lebens und Erlebens mit Kindern in einem Haushalt.

Das alles und noch viel mehr. Und wenn jetzt einer kommt und behauptet, dass das bloß Erziehungssache sei und wohl erzogene Kinder nie Chaos veranstalten, dann können alle Eltern nur ganz laut lachen.

Die Küche ist außerdem

neue Zahnpasta kaufen
Bücherregale abstauben
Betten frisch beziehen
Löcher in Pullovern flicken
Fußboden wischen
Fenster putzen
Altpapier wegbringen
den Kleiderschrank ausmisten und aufräumen
die ausgemisteten Kleider zur Altkleidersammlung tragen
den Garten in Ordnung halten
Marmelade einkochen
Getränkekisten schleppen
die Speisekammer säubern
Mehlmotten verjagen
den Hund bürsten
wichtige Papiere in Aktenordner einordnen
die Steuererklärung machen
und so weiter
und so weiter
und so weiter

Überlebens-Tipp:
Versuchen Sie die Sache buddhistisch anzugehen:
Wenn ich spüle, dann spüle ich.
Wenn ich sauge, dann sauge ich.
Spülen und Saugen ist ein Teil meines Karmas
und mit der entsprechenden geistigen Haltung
finde ich beim Spülen und Saugen
kosmische Ausgeglichenheit und vollkommenen inneren Frieden.

Der Haushalt

Alleinerziehen hat mehrere Nachteile und einen Vorteil. Einer der Nachteile ist, dass man immer alles alleine machen muss. Der Vorteil ist, dass man das, was man alles alleine machen muss, wenigstens machen kann, wann man will.

Meine Mutter hatte einmal in der Woche Putztag. Jeden Freitagnachmittag lag sie auf den Knien und wienerte die Wohnung. Bis 18.00 Uhr musste sie fertig sein mit Saugen, Bohnern, Aufräumen, Wäschewaschen und Einkaufen. Mein Vater hat im Haushalt nichts gemacht, und wenn er gegen 18.00 Uhr nach Hause kam, war meine Mutter fertig. Mit Putzen und auch so.

Ich bin mit meinen Kindern freitagnachmittags ins Schwimmbad gegangen. Im Sommer bis 21.00 Uhr. Bis das Schwimmbad zugemacht hat. Während wir im Abendsonnenschein noch Pommes auf der Schwimmbad-Terrasse aßen, waren die anderen Mütter mit ihren Kindern längst nach Hause geeilt, um dem von der Arbeit heimkehrenden Gatten das Abendbrot zu richten. Bis auf ein paar Rentner und knutschende Teenager gehörte das Schwimmbad uns. Herrlich entspannte Stunden.

Den Haushalt habe ich dann eben am Samstagnachmittag oder Sonntagmorgen gemacht. Oder am Montag zwischen Tür und Angel. Der Vorteil des Alleinerziehens ist, dass man das, was man machen muss, nicht nur machen kann, wann man will, sondern auch wie man will.

Alleinerziehenden schaut im Haushalt niemand auf die Finger. Der Abwasch bleibt bis zum Abend stehen. Das Bücherregal im Wohnzimmer wird nur jede zweite Woche abgestaubt. Die Fenster werden nicht im März, sondern erst im April geputzt. Die Bügelwäsche wird in den Schrank gesteckt, bis sich Zeit zum Bügeln findet. Wen interessiert das? Niemanden.

Das hört sich jetzt so an, als ob alle Alleinerziehenden schlampig wären. Nein, sind sie nicht. Sie setzen nur Prioritäten. Und die Prioritäten sind die Kinder und das Geldverdienen.

Kinder brauchen keinen Fußboden, von dem sich essen lässt, oder Geschirr, in dem man sich spiegeln kann. Kinder brauchen ausgeglichene, fröhliche und entspannte Eltern, die Zeit haben, mit ihnen ins Schwimmbad zu gehen und in Ruhe Pommes zu essen. Viele Alleinerziehende sind, was die korrekte Haushaltsführung angeht, ziemlich gelassen. Wie manche Frauen es schaffen, den Haushalt zu einer tagesfüllenden Beschäftigung auszudehnen, bleibt ihnen vermutlich für immer ein Rätsel. Der Haushalt ist doch nur Peanuts und Peanuts werden nebenbei erledigt.

Alleinerziehende können mühelos die Aufgaben mehrerer Fluglotsen auf einmal bewältigen. Die machen sich doch nicht wegen eines Abwaschs verrückt oder wegen ein paar Kekskrümel auf dem Teppichboden.

Weil aber die Kuche nicht nur die Kekskrümel auf dem Teppichboden sind, sondern alles, was es in Haus und Heim zu organisieren und zu tun gibt, hat die Sache auch eine weniger gemütliche Seite. Die »mehreren Nachteile« sozusagen.

Es ist nämlich nicht immer Sommer. Von 365 Tagen im Jahr sind in Deutschland vielleicht 20 Tage schön genug, um im Schwimmbad auf der Terrasse sitzen zu können.

Die restlichen Tage sind Alltag. 345 Tage Alltag.

Ein Alltag, der hauptsächlich aus Hetze besteht. Die Hetze fängt um 6.30 Uhr an und hört um 23.00 Uhr auf. Ich habe oft noch um 22.00 Uhr am Abwaschbecken gestanden. Wer will schon frühmorgens und unausgeschlafen über verklebte Abendbrotteller fallen. Morgens Hetze, um Kinder, Bettenmachen, Frühstück, Duschen, Zähneputzen und Hund-Gassi-Führen bis halb acht zu erledigen. Der Schulranzen muss noch auf Vollständigkeit geprüft werden und das Geld für die Klassenkasse fehlt. Um zehn vor acht ist die Bande aus dem Haus. Jetzt kommt Duschen der Mutter, Zähneputzen und für die Arbeit anziehen. Um halb neun geht es zur Arbeit. Bis 12.30 Uhr. Mittags Hetze, um zu Hause zu sein und das Essen pünktlich auf dem Tisch zu haben. Von 12.35 Uhr bis 12.40 Uhr Einkauf im Supermarkt. Schnell, denn die Kinder kommen hungrig von der

Schule. Von 12.45 Uhr bis 13.10 Uhr wird im Kochtopf gerührt. Salat zupfen, Gemüse schnippeln, Kartoffeln schälen und den Braten in die Röhre. Danach ruft wieder der Haushalt. Spätestens 14.30 Uhr, nachdem man sich vergewissert hat, dass die Kinder Schulaufgaben machen und am Nachmittag alleine zu Freunden oder zur Klavierstunde fahren, geht es zum zweiten Mal zur Arbeit. Das, was sich in den Vormittagsstunden verdienen lässt, reicht nicht für eine Familie. Mit schlechtem Gewissen, weil die Kinder schon wieder alleine sind und nicht sicher ist, ob sie ihre Hausaufgaben machen und gut bei ihren Freunden und in der Klavierstunde ankommen. Hetze durch den Nachmittag. Um 17.00 Uhr wieder daheim. Die Kinder sind Gott sei Dank auch gut angekommen. Mama hier und Mama da. Erziehen muss man die Kinder auch noch ein bisschen. 18.30 Uhr Abendbrot. Wieder Hausarbeit. Die Kinder brauchen Hilfe bei den Hausaufgaben, haben Kummer mit ihren Freunden, sind traurig, wütend oder schlecht gelaunt, das Telefon klingelt, die Kinder müssen bis 20.30 Uhr im Bett sein, kommen siebenmal wieder aus ihren Zimmern, weil sie noch Durst, Hunger oder etwas auf dem Herzen haben, Telefon klingelt wieder, um 21.00 Uhr sind die Kinder endlich im Bett, der Abwasch türmt sich in der Spüle, der Flur ist mit Lehm beschmiert, weil es den ganzen Tag geregnet hat, die Schuhe der Kinder sind voll mit Matsch, mit solchen Schuhen können sie morgen nicht in die Schule gehen, also auf die Knie und den Matsch abwaschen und spätestens dann kommen der Mutter die Tränen, weil sie seit 6.30 Uhr auf den Beinen ist und seitdem nur rennt und sich abhetzt und noch kein einziges Mal durchgeatmet, geschweige denn fünf Minuten für sich selbst gehabt hat. Ohne Kinder, ohne Arbeit, ohne Haushalt und ohne ununterbrochen alles so zu organisieren, dass es gut klappt und nichts vergessen wird und nichts schief geht und alle – bis auf sie selbst – zufrieden sind. Deshalb sind die paar Stunden auf der Schwimmbad-Terrasse so wichtig. Um wenigstens einmal im Jahr Luft zu holen.

Erste Hilfe im Haushalt

Wenn das mit der buddhistischen Sichtweise auf den Haushalt nicht klappt,
versuchen Sie es mit einer Putzhilfe.
Es ist nicht arrogant oder feudalistisch,
jemanden gegen Entgelt für sich arbeiten zu lassen.
Sie schuften außer Haus,
deshalb haben Sie das Recht, darüber nachzudenken,
ob nicht eine Art »gute Fee« Sie im Haushalt unterstützen kann.
Männer halten es seit Jahrtausenden für selbstverständlich,
dass ihre Ehefrauen ganz ohne Entgelt den Haushalt erledigen.

Wenn Sie kein Geld für eine Putzfrau haben,
– was vermutlich der Fall sein wird –
minimalisieren Sie die Haushaltsarbeit:
Fenster erst putzen, wenn man nicht mehr rausgucken kann,
Boden erst kurz bevor man daran festklebt wischen,
Staub grob wegpusten geht schneller als Staub wischen,
Geschirr nach dem Spülen von alleine trocknen lassen.
Ganz nach dem Motto: »Wie man es schafft, sich von seinem Perfektionismus im Haushalt zu befreien und stattdessen lieber gemütlich in der Sonne sitzt.«

PS: Söhne werden nicht zu Weicheiern,
wenn sie von ihren Müttern
in die Haushaltsführung eingewiesen werden.

Organisation des Alltags

Ein Kind zu bekommen ist ein großes Geschenk. Nach der ersten strahlenden Freude und den Glückwünschen der Verwandtschaft stellt sich aber heraus, dass dieses Geschenk Ihr Leben einschneidend verändert. Mit der Geburt eines Kindes lassen Sie Ihre bisherige Welt hinter sich und betreten den Planeten der Mütter und Väter. Einen Planeten, den Sie bis ans Ende Ihres Lebens nicht mehr verlassen werden. Ein Planet, der aus viel Freude, Lachen, Vergnügen und Stolz besteht, aber auch aus ebenso viel Verantwortung und Arbeit.

Vorgesehen ist, dass sich zwei erwachsene Menschen diese Arbeit teilen. Einer der Erwachsenen, meistens der Vater, geht aushäusig Geld für die junge Familie verdienen und der andere, meistens die Mutter, übernimmt den Job zu Hause.

So haben beide Eltern einen geregelten Alltag und das Leben mit Kind kann – nach einer Eingewöhnungsphase und anfänglichen Startschwierigkeiten – seinen Gang gehen.

Auch bei Alleinerziehenden muss der Alltag geregelt werden und alles seinen Gang gehen.

Der Alltag muss auf irgendeine funktionierende Weise geregelt und organisiert werden, ob mit Baby oder größerem Kind. Da Alleinerziehende aber zwei Jobs gleichzeitig machen, nämlich den Job zu Hause und den Job zum Geldverdienen, muss dieser Alltag reibungslos funktionieren. Der Alltag funktioniert nur reibungslos, wenn der oder die Alleinerziehende reibungslos funktioniert. Das ist ein hartes Brot.

Viele Alleinerziehende empfinden sich wie einen Roboter, der nur funktioniert. Eine Maschine, gefangen im täglichen Räderwerk der Verpflichtungen. Alles ist Anstrengung, nichts ist absichtslos.

Jahre des Funktionierens liegen vielleicht schon hinter einem und noch Jahre vor einem. Keiner hilft. Keiner nimmt einem etwas ab. Vor allem, wenn es Sorgen und Probleme gibt. Geldnot, Streit mit dem Vermieter oder Kummer mit einem Kind.

Viele Alleinerziehende schleppen sich von einem Problem zum anderen. Kaum ist das eine Problem gelöst, steht das nächste vor der Tür. Die Tage verwandeln sich von einer Herausforderung in eine Überforderung und das Leben zum schlichten Überleben.

Nicht das Kindererziehen ist das Problem. Nicht der Haushalt und auch nicht das Geldverdienen. Das Problem ist die Kombination von allem. Alleinerziehende können sich nie ausruhen.

Jeder Tag gleicht für sie dem vorherigen und dem nächsten Tag. Es gibt kein Entkommen. Noch nicht mal für eine kurze Zeit, noch nicht mal für fünf Minuten. Denn eine Zeit ohne Arbeit und ohne Kinder gibt es für Alleinerziehende nicht.

Berufstätige ruhen sich an ihrem Feierabend aus. Alleinerziehende haben keinen Feierabend. Wenn sie von der einen Arbeit kommen, fängt die andere Arbeit an. Hausfrauen und verheiratete Mütter ruhen sich aus, wenn der Partner von der Arbeit kommt. Allein-erziehende haben keinen Partner. Jeder Mensch ruht sich irgendwann im Laufe des Tages von seinem mehr oder weniger anstrengenden Tag aus, legt die Füße hoch, lässt den lieben Gott einen guten Mann sein, hat keine Verpflichtungen mehr und nichts zu tun. Alleinerziehende haben immer weiter zu tun. Sie sind rund um die Uhr im Einsatz.

Eine Zeit ohne Kinder und ohne Arbeit gibt es für sie nicht.

Alleinerziehende sind allein erziehend, auch wenn das Kind die ganze Nacht Brechdurchfall hat, morgens fiebrig im Bett liegt, nicht in die Schule kann und die Mutter trotzdem zur Arbeit muss. Sie sind allein erziehend, auch wenn die beschmutzte Bettwäsche von dem nächtlichen Brechdurchfall in der Wäschetonne gärt, das Kind schon wieder anfängt sich zu erbrechen, kein Zwieback mehr im Haus ist und niemand einkaufen gehen kann, weil die Mutter selbst Brechdurchfall hat.

Alleinerziehende haben einfach keinen Brechdurchfall zu haben. Weil sonst der Alltag zusammenbricht. Alleinerziehende sind immer allein. Auch da, wo sie es nicht wünschen. Gleichzeitig sind sie nie allein. Auch da, wo sie es mal bräuchten. Jeder Mensch braucht zur

Erholung mal fünf Minuten für sich selbst. Alleinerziehende haben zwanzig Jahre lang nur ganz selten mal fünf Minuten für sich selbst. Außer im Schlaf.

Die meisten von ihnen haben die Organisation des Alltags gut im Griff. Sie funktionieren und kommen mit Kindern, Haushalt und Geldverdienen zurecht. Äußerlich klappt alles reibungslos. Doch die Aufgabe, Kinder alleine großzuziehen, für sie zu sorgen und Geld verdienen zu gehen, wächst sich bei vielen Alleinerziehenden im Laufe der Jahre zu einer Aufgabe aus, die ihnen einen Teil ihrer persönlichen Zufriedenheit und Lebensfreude raubt.

Viele Alleinerziehende – und die meisten von ihnen sind wirklich tüchtige, pfiffige und patente Frauen – leiden an einem Dauer-Burn-out-Syndrom.

Ausgebrannt von dem fast unmöglichen Unterfangen, Kinder, Küche und Knete alleine unter einen Hut zu bringen. Erschöpft von der Doppelrolle, Vater und Mutter in einem zu sein, eine Aufgabe, für deren Bewältigung eigentlich zwei Erwachsene vorgesehen sind. Ermüdet von den Schwierigkeiten und Hindernissen, die ihnen in Form von gesellschaftlichen Vorurteilen zusätzlich in ihren ohnehin schon nicht einfachen Weg gelegt werden.

Sie sind ein Mensch

Kein Mensch kann alles gut und vor allem alles gleichzeitig machen.
Von Alleinerziehenden wird das aber erwartet.
Machen Sie sich rigoros von dieser Erwartung frei.
Es ist Ihr Leben,
und wenn Sie zusammenbrechen,
geht gar nichts mehr.
Weder Geld verdienen noch die Kinder betreuen.
Sie sind keine allzeit funktionierende Arbeitsmaschine.
Sie sind ein Mensch.
Verletzlich, manchmal müde und erschöpft,
und Sie haben jedes Recht der Welt,
auch verletzlich, müde und erschöpft zu sein.
Gestehen Sie sich diese Verletzlichkeit, Müdigkeit und Erschöpfung ein und suchen Sie sich Hilfe.
Praktische, tatkräftige Hilfe
und auch seelische Hilfe.

Kinder brauchen glückliche, entspannte und ausgeglichene Eltern.
Auch die Kinder von Alleinerziehenden.

Wir – die Alleinerziehenden –
glauben, immer alles alleine schaffen zu müssen.
Aber auch wenn wir in vielem alleine sind
und auch in vielem alleine gelassen werden,
sind wir trotzdem keine weniger wertvollen Menschen
als Menschen mit weniger Arbeit und mehr Geld.

Die Knete

Manche Leute haben Geld, andere nicht. Manche kaufen sich für 30000 Euro einen Zierkarpfen für ihren Gartenteich, während andere froh sind, wenn sie genug zu essen kaufen können. Geld bleibt und vermehrt sich auf geheimnisvolle Weise nur bei manchen Leuten. Nämlich bei denen, die ohnehin genug davon haben. Das ist der Lauf der Welt – müßig, darüber zu reden.

Geld oder Knete, Kies, Kohle, Asche, Schotter, Kröten.

Alleinerziehende nennen es gern Mäuse. Mäuse für ihre Mäuse. Alleinerziehende gehören in den meisten Fällen zu den anderen Leuten. Was das heißt, können sich manche gar nicht vorstellen.

Ich beispielsweise hatte noch nie einen Zierkarpfen.

Ich bin an einem Samstag, die Kinder waren vielleicht fünf und sechs Jahre alt, mit dem Fahrrad zum Markt gefahren, um für das Wochenende einzukaufen. In banger Erwartung, da ich ahnte, dass kein Geld da ist, bin ich zum Bankautomaten gegangen. Kärtchen in den Schlitz, Nummer eingegeben und schon spuckte der Automat das Kärtchen wieder aus. Du hast nix, du bist nix, du kriegst nix und schönes Wochenende noch und Grüße an die Kinder. Dieser Moment hat sich in mein Gedächtnis eingebrannt. Die Ohnmacht und Verzweiflung habe ich bis heute nicht vergessen. Wie ein getretener Hund bin ich nach Hause geschlichen, habe das Fahrrad unter Tränen geschoben. Ich konnte meinen Kindern nichts zu essen kaufen. Weder für Samstag noch für Sonntag.

Ich will diesen Moment auch nicht vergessen.

Und er ist letztlich auch der Beweggrund für dieses Buch.

Ich verstehe nichts von Zierkarpfen und wie manche Leute für einen besonderen Fisch 30 000 Euro ausgeben, muss ich auch nicht verstehen. Ich verstehe aber etwas von der Mühsal, Kinder alleine großzuziehen und deswegen arm zu sein.

Seit jenem Samstag sind mehr als zwanzig Jahre vergangen. Obwohl ich immer gearbeitet habe, bin ich immer noch eher arm. Was es heißt, in einem reichen Land wie Deutschland arm zu sein, wissen die meisten Alleinerziehenden.

Fast alle leben am Existenzminimum. Von der Hand in den Mund. Immer entlang der Armutsgrenze. Einer Grenze, deren Zäune sich weder im vereinten Europa noch in der globalisierten Welt je öffnen werden.

Ich will überhaupt keinen Zierkarpfen. Ich habe keinen Garten und keinen Teich und in meinem kleinen Appartement kann ich dem armen Fisch auf Dauer nicht den nötigen Auslauf bieten.

Ich will nur, dass die rund 2,4 Millionen allein erziehenden Mütter und Väter die Chance haben, ihrer Armut zu entkommen. Damit auch ihre rund drei Millionen Kinder der Armut entkommen können.

»Zentrale Problemgruppe« werden Alleinerziehende in dem schon erwähnten Armutsbericht genannt. 32 Prozent von ihnen erhalten staatliche Transferleistungen, Sozialhilfe und andere finanzielle Unterstützungen, und 64 Prozent aller Kinder, die Sozialhilfe beziehen, sind Kinder von Alleinerziehenden.

Das muss doch nicht sein.

Gäbe es vernünftige Kinderbetreuungseinrichtungen, könnten Alleinerziehende arbeiten gehen. Wenn Alleinerziehende arbeiten gehen könnten, wären sie nicht so arm und der Staat würde eine Menge Geld sparen und könnte zum Beispiel vernünftige Kinderbetreuungseinrichtungen davon bauen … Und dann wären die Alleinerziehenden keine zentrale Problemgruppe mehr, sondern ganz normale Menschen mit Kindern …

Was man ohne Geld nicht machen kann

Reisen
sich vernünftig weiterbilden
etwas für sein Alter zurücklegen
im Bioladen Essen einkaufen
einmal ein neues Auto kaufen
sich guten Zahnersatz machen lassen
Hobbys pflegen
ins Kino, Theater oder in die Oper gehen
seinen Kindern etwas Besonderes schenken
den Kindern ermöglichen, zügig zu studieren
ein eigenes Haus erwerben
in Restaurants essen gehen
seine Freunde mal ganz groß zum Essen einladen
und so weiter
und so weiter
und so weiter

Es ist nicht wirklich schlimm,
wenn man darauf verzichten muss.
Millionen von Menschen auf der Welt leben ohne all das.
Schlimm ist nur,
dass man sich in einem reichen Land wie Deutschland
immer wie ein Häuflein Dreck fühlt,
wenn man auf all das verzichten muss,
nur weil man Kinder großzieht.

Arbeit oder Sozialhilfe

Die wenigsten Menschen können es sich leisten, nicht arbeiten zu gehen. Außer Kindern, betuchten Rentnern, Lotto-Millionären und anderweitig vom Schicksal Begünstigten muss jeder regelmäßig arbeiten, um finanziell zu überleben.

Auch Alleinerziehende müssen finanziell überleben und deshalb sind 70 Prozent von ihnen berufstätig. 20 Prozent halbtags, 50 Prozent Vollzeit. Etwa ein Drittel lebt von der Sozialhilfe und anderen staatlichen Transferleistungen. Im Durchschnitt nur 22 Monate. 22 Monate plus acht Wochen Mutterschaftszeit nach der Geburt ergeben zwei Jahre. Bei den meisten Alleinerziehenden sind das die ersten beiden Lebensjahre ihres Kindes. Denn mit einem Baby an der Brust lässt es sich nicht so leicht arbeiten.

Das Vorurteil, dass alle Alleinerziehenden immer von der Sozialhilfe leben, stimmt also nicht. Knapp sieben von zehn Alleinerziehenden sorgen auch finanziell für ihre Familie. Weiterhin stimmt das Vorurteil nicht, dass alle Alleinerziehenden ungebildet, ohne berufliche Qualifikation oder Hochschulabschluss sind. 60 Prozent von ihnen verfügen über eine höherwertige Berufsausbildung und elf Prozent über ein abgeschlossenes Studium. Zwei Drittel aller Alleinerziehenden haben mindestens mittlere Reife.

Das Klischee von der armseligen allein erziehenden Mutter als Sozialhilfeempfängerin, die im grauen Wohnblock immer ihre letzten Cents aus der Unterhaltsvorschusskasse zählt, hält sich zwar hartnäckig, entspricht aber nicht der Realität.

In Wirklichkeit sind die meisten Alleinerziehenden – wie schon erwähnt – tüchtige, pfiffige und patente Frauen, die nur ein einziges Problem haben. Nämlich das Problem, nicht zu wissen, wie man sich von einem Menschen in zwei Menschen teilt, damit einer bei den Kindern sein und der andere arbeiten gehen kann. Ein schwer wiegendes Problem. Ein Problem, das sich in den Schwanz beißt. Eine Aufgabe, die aber immerhin 70 Prozent aller Alleinerziehenden zufrieden stellend lösen. Das soll ihnen erst mal einer nachmachen.

Einer von denen, die denken, dass Alleinerziehende immer armselige Sozialhilfeempfängerinnen sind.

Um in diesem Buch bei der Wahrheit zu bleiben, möchte ich jedoch sagen, dass es auch unter den Alleinerziehenden – wie in jeder gesellschaftlichen Gruppierung – Menschen gibt, die sich keine Mühe geben, ihre Lebenssituation zu verändern. Frauen, die von vier Männern vier Kinder haben, für die das Wort Arbeit ein Fremdwort ist und die selbstverständlich davon ausgehen, dass Vater Staat sie nicht nur kurzfristig in einer schwierigen Lage, sondern auf Dauer ernährt. Frauen mit fast erwachsenen Kindern, die noch von der Sozialhilfe leben und glauben, jeder sei ihnen etwas schuldig, nur sie selbst müssten für ihren Lebensunterhalt keinen Finger rühren. Weil es bequem ist, wenn man den anderen die Schuld an der eigenen Lage geben kann. Weil es bequem ist, wenn das Geld von alleine aufs Konto kommt.

Allein erziehende Mutter zu sein dient dann bisweilen als Rechtfertigung, um an der Opferrolle festzuhalten. Diese Frauen bestätigen leider so manches Vorurteil über allein erziehende Mütter und schaden damit allen anderen Frauen, die sich Mühe geben, ihre Situation in den Griff zu kriegen.

Von dem Problem, Kinder und Arbeit in den Griff zu kriegen, habe ich schon berichtet. Von der Hetzerei, die dieses Problem auslöst, ebenfalls. Was heißt es also für Alleinerziehende, berufstätig zu sein? Mit einer Vollzeitstelle, Kindergeld und dem eventuellen Unterhalt lässt sich eine Familie ernähren. 50 Prozent aller Alleinerziehenden sorgen für das Auskommen ihrer Familie und tauchen nie in der Statistik des Sozialamts auf. Das sind die Alleinerziehenden, über die nicht gesprochen wird. Mütter und Väter, die ihre Kinder ohne staatliche Hilfe großziehen. Mit einer Teilzeitstelle, also etwa 750 Euro Verdienst plus Kindergeld und, im positiven Fall, dem Unterhalt des Vaters, lässt sich keine Familie ernähren und deshalb erhält jede vierte Alleinerziehende übergangsweise die so genannte ergänzende Sozialhilfe. Im Zuge der Arbeitsmarktreform Hartz IV können Geringverdiener, wozu Alleinerziehende mit einer Halbtagsstelle sicher gehören, einen besonderen Zuschlag zum Kindergeld beantragen. Leider nur für 36 Monate und nur unter besonderen Bedingungen. Mit einem Minijob lässt sich eine Familie nicht ernähren und so bleibt vielen Alleinerziehenden der Gang zum Sozialamt nicht erspart. Vor allem in den ersten drei Lebensjahren ihrer Kinder. Wie es sich anfühlt, vom Sozialamt abhängig zu sein oder mit ergänzender Sozialhilfe jahrelang am Rande des Existenzminimums zu balancieren, wird im nächsten Kapitel dargelegt.

Im Jahr 2001 fand eine Tagung des Bundesministeriums für Familie, Senioren, Frauen und Jugend zum Thema »Alleinerziehen in Deutschland, Ressourcen und Risiken einer Lebensform« statt und das abschließende Fazit dieser Tagung möchte ich hier wortwörtlich wiedergeben:

»Zusammenfassend lässt sich die sozialpolitische Situation von Alleinerziehenden folgendermaßen charakterisieren: Ihre spezifischen Risiken und Belastungen sind durch das soziale Sicherungssystem nur unzureichend abgesichert. Sofern das Einkommen nicht durch eigenes Erwerbs- oder Vermögenseinkommen oder durch regelmäßige Unterhaltszahlungen, die die Regelbeträge deutlich überschreiten, dauerhaft gesichert ist, rutschen sie, einem Fahrstuhleffekt gleich, schnell in die unterste Ebene unseres Sicherungssystems ab. Die dazwischen liegenden Sicherungsebenen greifen kaum, da die Anspruchsvoraussetzungen, die an den so genannten Normalbiografien orientiert sind, von Alleinerziehenden im Risikofall aufgrund der spezifischen Entstehungsbedingungen und Konstellationen häufig nicht erfüllt sind, oder die Ansprüche, die entstehen, so niedrig ausfallen, dass sie faktisch unwirksam sind, da sie vor der Notwendigkeit, ergänzend Sozialhilfe zu beantragen, nicht schützen. Besonders gefährdet sind dabei allein erziehende Frauen, die sich während ihrer Ehe auf die traditionelle familiäre Arbeitsteilung eingelassen haben, aber durch die Trennung den an der Ehe anknüpfenden Sicherungsschutz verloren haben. Hier lässt sich in der Tat konstatieren, dass solche Biografien einen niedrigeren Sicherungsschutz erfahren als die Normalbiografie der Hausfrau in einer

Familie, an der das Sicherungssystem orientiert ist, aber auch als andere Lebensmodelle wie Alleinleben oder lebenslange Kinderlosigkeit. Bemühungen, die Existenzgrundlage durch eigene Anstrengungen zu sichern, werden kaum unterstützt, indem das Problem der Vereinbarkeit von Kinderbetreuung und Erwerbstätigkeit überwiegend bei den Eltern verbleibt, die dafür vielfach keine Lösung finden können. Aber gerade dieses Problem haben nicht die Eltern, welche Lebensform sie auch wählen, zu verantworten, sondern es ist durch die arbeitsteilige Produktionsweise unserer Gesellschaft bedingt. Zwar dürfte durch die Sozialhilfe wohl das Ziel überwiegend erreicht werden, extreme Notlagen zu vermeiden, das Subsidiaritätsprinzip, nach dem Personen in ihren Möglichkeiten zur selbstverantwortlichen Lebensführung Unterstützung erfahren sollen, ist jedoch verletzt. Chancengleichheit im Sinne auf die Zukunft gerichteter Gestaltungsmöglichkeiten, die eine gleichberechtigte Teilhabe an allen Lebensbereichen im weiteren Lebensverlauf bei vergleichbaren individuellen Anstrengungen erlauben, ist weder für die betroffenen Alleinerziehenden noch ihre Kinder gewahrt.«

Zwar muss man diesen Text siebzehnmal lesen, bis man versteht, was das Ministerium sagen will, und was es sagt, ist auch schon einige Jahre her, trifft aber immer noch den Nagel auf den Kopf: Alleinerziehende sind benachteiligt.

Sowohl gegenüber verheirateten Eltern als auch insgesamt in der Gesellschaft. Wenn sie eine gute Arbeit haben, können sie überleben, wenn nicht, fallen sie ganz schnell auf die unterste Stufe des sozialen Systems. Alleinerziehende haben aber selten eine gute Arbeit, nicht weil sie nicht arbeiten wollen, sondern weil die Kinderbetreuung nicht gewährleistet ist. Der Bezug von Sozialhilfe verhindert zwar, dass sie aus dem sozialen Netz fallen, aber eine positive Lebensgestaltung ist ihnen unter diesen finanziellen Bedingungen kaum möglich. Weder den Müttern, noch den Kindern. Mit ihrer Entscheidung für das Alleinerziehen sind viele Frauen finanziell ganz einfach die Gelackmeierten. Die meisten Alleinerziehenden rennen sich also nicht nur die Beine aus dem Leib, um

Kinder, Küche und Knete unter einen Hut zu bringen, sondern sind gleichzeitig damit beschäftigt, Steine wegzuräumen, die ihnen in Form von gesellschaftlichen Nachteilen in den Weg gelegt werden.

Obenauf landen die wenigsten dabei. Solange die Kinder klein sind, können Alleinerziehende nicht arbeiten, weil die Kinder rund um die Uhr der Betreuung bedürfen. Werden die Kinder größer, bleibt mit Müh und Not eine Halbtagsstelle, weil es in den meisten Fällen keine Kinderbetreuung für den Nachmittag gibt. Wenn sich überhaupt eine Stelle ergattern lässt, denn viele Arbeitgeber stellen ungern Mütter ein, vor allem allein erziehende Mütter, da sie Fehlzeiten wegen Masern und Magen-Darm-Infekten befürchten. Kommen die Kinder in die Pubertät, kann man sie nicht sich selbst überlassen, weil sie sonst nur Blödsinn machen. Sind die Kinder endlich groß, findet man sich als 50-Jährige auf dem Arbeitsmarkt wieder, einem Arbeitsmarkt, dem heute schon 40-Jährige zu alt und zu teuer sind. Eine berufliche Biografie des Scheiterns.

Millionen von tüchtigen, pfiffigen und patenten Frauen werden in Deutschland – nur weil sie Kinder haben – in eine Biografie gezwungen, die von einem Leben am Existenzminimum geradewegs in die Altersarmut führt.

Den verheirateten Frauen geht es über weite Strecken ihrer beruflichen Laufbahn auch nicht besser, sie haben aber einen verdienenden Mann an der Seite, dessen berufliche Laufbahn nicht durch die Kinder gestört oder behindert ist. Mit der Geburt eines Kindes geht es – statistisch nachweisbar – bei Männern nämlich beruflich bergauf und bei Frauen beruflich bergab. Seit der Mammut-Zeit hat sich da offensichtlich nicht viel verändert.

Ran an die Knete

Die wenigsten Frauen
kommen durch redliche berufliche Arbeit zu genügend Geld,
denn die meisten Frauen
sind nach wie vor in typischen Frauenberufen tätig:
im Büro, im Einzelhandel oder im Dienstleistungsgewerbe,
das heißt im Niedriglohnsektor.

Typische Frauenberufe lassen sich zwar
a) gut mit Teilzeitjobs,
b) gut mit der Versorgung von Kindern und
c) gut mit der Haushaltsarbeit, aber
d) schlecht mit ordentlich Geldverdienen,
e) schlecht mit einer Karriere und
f) schlecht mit Wünschen nach einem wirklich anregenden Beruf vereinbaren.

Alleinerziehende sind meistens Frauen.
Frauen sind selten die Haupternährer der Familie.
Alleinerziehende müssen aber Haupternährer der Familie sein.
Mit buddhistischer Gelassenheit
kommt man bei diesem Problem nicht weiter.
Deshalb:
Versuchen Sie, eine so hohe Bildung wie möglich zu erreichen.
Holen Sie Schulabschlüsse nach,
machen Sie gute Aus- und Weiterbildungen.
Begnügen Sie sich nicht mit einer beruflichen Randexistenz!
Ein schlecht bezahlter Beruf
ist eine schlechte Voraussetzung für Zufriedenheit.
Versuchen Sie, Kinder und Knete unter den bestmöglichen beruflichen Hut zu bringen.

Wie lebt es sich am Existenzminimum?

Wer am Existenzminimum lebt, dem ist nie langweilig. Während manche Leute für weitere 30 000 Euro ihrem einsamen Zierkarpfen einen Lebensabschnittsgefährten kaufen, sitzen Alleinerziehende mitsamt ihrem Existenzminimum Nägel kauend am Küchentisch und wissen nicht, von welchem Geld sie ihren Kindern Winterschuhe kaufen sollen. Am Existenzminimum zu leben ist spannender als so ein Zierkarpfen. Während der Fisch in seinem Gartenteich immer nur im Kreis herumschwimmt, können Alleinerziehende sogar im Dreieck springen. Weil sie nicht wissen, wovon sie die Miete bezahlen sollen.

Nicht zu wissen, wie man die Miete bezahlen soll, ist ein ähnliches Gefühl, wie in einem Flugzeug mit ausgefallenen Triebwerken zu sitzen. Bebend vor Angst sitzt man auf seinem Küchenstuhl und hofft, dass es keine Bruchlandung gibt. Diesmal nicht. Bitte diesen Monat nicht. Die Gedanken um die knappen Finanzen werden von der einen in die andere Gehirnhälfte geschoben, das Geld reicht trotzdem hinten und vorne nicht und wächst sich im Laufe der Zeit zu einem Schreckgespenst aus. Wie kann etwas, das nicht vorhanden ist, so viel Macht über das eigene Leben ausüben?

Wenn dann die Miete bezahlt ist – irgendwie schafft man es doch immer wieder –, kümmert man sich um die Winterschuhe der Kinder. Vielleicht reicht es, nur ein Paar Schuhe zu kaufen und das andere später. Die Schuhe sind doch eigentlich noch ganz gut, oder? Na ja, so richtig gut sind sie nicht mehr, denn die Kinder kommen immer mit nassen Füßen nach Hause. Neue Winterjacken brauchen beide auch noch. Hübsche warme Jacken gibt es zu kaufen. Die Kinder wachsen und wachsen und brauchen jedes Jahr neue Jacken. Im Secondhand-Laden gibt es gerade nichts Passendes und die Kinder hassen den Secondhand-Laden sowieso und wünschen sich mal Schuhe und Jacken mit Markennamen. So wie sie die anderen Kinder in der Schule tragen. Also nimmt man das nicht vorhandene Geld und kauft den Kindern Schuhe und Jacken. Das Konto ist wieder im Keller, der Dispositionskredit bis zum Anschlag ausgereizt, aber wenigstens haben die Kinder jetzt warme Füße.

Die Mutter hat schon seit Monaten kalte Füße. Vor Angst. Und weil die eigenen Winterschuhe zehn Jahre alt sind und es wichtiger ist, dass die Kinder warme Füße haben.

Gott sei Dank ist bald Weihnachten. Die Oma überweist den Kindern 100 Euro und lässt auch der Mutter eine kleine finanzielle Spritze zukommen. Der Kindesunterhalt kommt zwar drei Wochen später, um die Hälfte gekürzt oder vielleicht auch gar nicht, aber wenigstens kommt die Nebenkosten-Nachforderung des Vermieters in Höhe von 280 Euro pünktlich. Weil sich die Energiepreise seit der letzten Abrechnung beinahe verdoppelt haben. Nun gibt es entweder Weihnachtsgeschenke für die Kinder oder 280 Euro an den Vermieter. Mit beiden will man es sich nicht verscherzen. Vor Stress kaut man schon wieder Nägel. Die Geschenke werden gekauft, die Rechnung des Vermieters wird zähneknirschend bezahlt, und hoffentlich merkt die Bank nicht, dass der Dispo längst über den erlaubten Bereich gerutscht ist.

Nach Weihnachten kommt man einen Monat über die Runden. Dann wird eine Autoreparatur fällig, dann die Haftpflichtversicherung, dann muss man zum Frisör (früher 100 DM und jetzt 80 Euro für eine Dauerwelle) und dann kommt die Klassenfahrt der Kinder. Zweimal 200 Euro. Der Klavierunterricht ist natürlich auch noch nicht bezahlt, die Nachhilfestunden auch nicht und die Waschmaschine geht kaputt.

Dann ist Frühling, die Kinder brauchen neue Badeanzüge und Schwimmflossen und würden gerne zum Reitunterricht gehen und hätten am liebsten ein eigenes Pferd. Und weil die Kinder keinen Kummer und es auch nicht schlechter als andere Kinder haben sollen, kauft man ihnen wenigstens ein Meerschweinchen. Jedem Kind eins. Inklusive Käfig, Futter und leckeren Knabberstangen nur 100 Euro.

In der Zwischenzeit ist Sommer geworden. Den Urlaub verbringt man auf dem Balkon, und in Deutschland regnet es wie immer ununterbrochen.

Die Kinder brauchen neue Anoraks. Im Herbst kommen sie auf die weiterführende Schule, die Ranzen sind alt und verschrammt und aus den Winterschuhen sind sie herausgewachsen und man sitzt am Küchentisch und hofft, dass es diesen Monat – bitte nur diesen einen Monat – keine Bruchlandung gibt. Gott sei Dank ist bald wieder Weihnachten.

Wer am Existenzminimum lebt, der lebt mit einem Minimum am Rande der Existenz. Und damit am Rande der Gesellschaft.

Wer am Rand der Gesellschaft lebt, dem erwächst mit der Zeit das Gefühl, nicht dazuzugehören. Wer nicht dazugehört, dem bleibt auch nichts übrig.

Nichts anderes übrig, als mit dem Geld des nächsten Monats die finanziellen Löcher des letzten Monats zu stopfen und am Küchentisch kontinuierlich seine Armut umzuschichten.

Deshalb ist es Menschen, die am Existenzminimum leben, nie langweilig. Irgendwie muss es schließlich weitergehen.

PS: Ich habe überhaupt nichts gegen Zierkarpfen und finde die großen bunten Gesellen eigentlich nett. Wer aber 30 000 Euro für einen Koi-Karpfen ausgeben kann und glaubt, das gehöre zum Mindestlebensstandard in Deutschland, der muss auch damit leben können, wenn der Fischreiher nachts den Gartenteich ausräumt.

PPS: Das war jetzt das letzte Mal, dass ich die Zierkarpfen erwähnt habe – versprochen!

Das Leben am Existenzminimum

Wer am Existenzminimum lebt,
ist immer damit beschäftigt,
eine Lösung zu finden.
Eine Lösung für seine finanziellen Sorgen.
Es gibt aber kaum Lösungen für finanzielle Sorgen.
Wenn das Geld – trotz Arbeit –
nicht reicht,
dann reicht es nicht.

Wer am Existenzminimum lebt,
lebt immer entlang der finanziellen Schadensbegrenzung.
Das raubt Kraft, Energie und Lebensfreude.
Versuchen Sie aber TROTZDEM,
sich etwas Gutes zu gönnen und zu tun.

Gehen Sie spazieren. Das kostet nichts.
Ernähren Sie sich und die Kinder gesund.
Schlechtes billiges Essen macht schlechte Laune.
Schalten Sie den Fernsehapparat aus.
All die reichen und glücklichen Menschen im Fernsehen
zu sehen,
die sich alles kaufen können und auch kaufen sollen,
während Sie wieder nicht wissen,
wie Sie die Miete bezahlen sollen,
macht auch schlechte Laune.
Gehen Sie lieber in den Zoo.
Niedliche spielende Tierbabys zu sehen macht glücklich.
Schlafen Sie genug.
Lassen Sie sich eine Mutter-Kind-Kur verschreiben.

Finanzielle und andere Folgeschäden

Alleinerziehende sind eine Art zweigeschlechtliches Wesen. Einerseits die für Kinder und Haushalt zuständige liebende Mutter und andererseits ein aushäusig Geld verdienender Vater bzw. Ernährer. Also Frau und Mann gleichzeitig.

Das Leben als Mutter ist unvollständig und mit Hetze, Sorgen und Stress belastet, weil gleichzeitig das Leben als Ernährer organisiert werden muss. Das Leben als Ernährer ist ebenso unvollständig und belastet, weil gleichzeitig die Pflicht als Mutter ruft.

Keiner kann ohne Probleme zwanzig Jahre lang die Rollen beider Geschlechter adäquat ausfüllen. Vor allem, weil Alleinerziehende zusätzlich noch in jeder der beiden Rollen mit Vorurteilen torpediert werden. Man traut ihnen weder Erfolg im Beruf zu, da sie daheim Kinder zu versorgen haben, noch traut man ihnen eine erfolgreiche Versorgung der Kinder zu, da sie berufstätig sind. Wieder ein Problem, das sich in den Schwanz beißt. Als Frau bin ich suspekt, weil ich wie ein richtiger Mann aushäusig arbeite, und als Mann bin ich suspekt, weil ich keine richtige Frau bin, die sich zu Hause um die Kinder kümmert.

Die Quadratur des Kreises.

Ohne Abstriche geht das mit dem Alleinerziehen demnach nicht. Da Mütter so ungern Abstriche bei der Betreuung ihrer Kindern machen, machen sie eben Abstriche im Beruf. Abstriche im Beruf machen heißt – neben dem, was ich schon in vorhergehenden Kapiteln beschrieben habe – zweierlei. Zum einen kann man so etwas wie eine Karriere in den Wind schreiben und zum anderen, wenn man die Karriere in den Wind schreibt, kann man so etwas wie eine Rente auch gleich vergessen.

Verheiratete Väter widmen sich – ungebremst von Kindern und Küche – ihrer Karriere, verdienen viel Geld, und wenn sie alt sind, bekommen sie eine anständige Rente. Viele verheiratete Mütter widmen sich – ungebremst von der Not, unbedingt Geld verdienen zu müssen – ihrer Mutter- und Hausfrauenrolle und partizipieren verdientermaßen an dem beruflichen Fortkommen, der Karriere und der Rente des Mannes. Das wäre dann die gute alte Hausfrauenehe. Gefördert mit einer Menge Steuererleichterungen und anderen Mitteln. Oder aber die Frau erarbeitet sich selbst ihre Rente und dann kann das Ehepaar den goldenen Spätsommer des Lebens gemeinsam und unbeschwert genießen.

Ich gönne jedem Ehepaar diesen glücklichen Umstand von Herzen, frage mich aber, warum einer allein erziehenden Mutter die Armut bis ans Ende ihres Lebens wie ein treuer Hund hinterherläuft. Nur weil sie immer Abstriche im Beruf machen muss.

Obwohl sie mehr als »ihren Mann steht« und trotzdem nie seine Privilegien erhält.

Viele junge Frauen, die heute allein erziehend sind, wissen nicht, dass die Sache mit der Rente ein besonders bitterer Folgeschaden ihres jetzigen Lebens sein wird. Die 20 oder 30 Euro staatliche monatliche Rente für Kindererziehungszeiten werden sie vor der Altersarmut nicht bewahren. Und den Staat werden eine große Anzahl völlig verarmter ehemals allein erziehender Mütter in wenigen Jahrzehnten auch nicht davor bewahren, in seinem ohnehin löcherigen Rentensystem Lösungen zur Versorgung dieser Frauen finden zu müssen.

Ich kann es nur immer wieder sagen: Bloß weil es heute keine vernünftigen Kinderbetreuungseinrichtungen gibt.

Das muss doch nicht sein. Es muss doch nicht sein, dass eine mittellose ehemals allein erziehende Mutter dem Staat erklärt, dass es eine seiner zurzeit wichtigsten Aufgaben ist, vernünftige Kinderbetreuungseinrichtungen zu bauen. Jetzt und heute und nicht erst drei Legislaturperioden später. Damit allein erziehende und andere Mütter arbeiten gehen und selbst für ihre Rente sorgen können. Um wenigstens einen Folgeschaden des Alleinerziehens zu vermeiden. Alle anderen Folgeschäden ließen sich zwar mit vernünftigen Kinderbetreuungseinrichtungen minimieren, aber nicht vermeiden.

Denn niemand nimmt Alleinerziehenden die Hetze zwischen den Kindern, der Küche und der Arbeit ab.

Zwanzig Jahre Dauerhetze führen zu mehr als einem Burn-out-Syndrom. In der neuesten Gesundheitsberichterstattung des Bundes, nachzulesen auf der Internetseite des Robert Koch-Institutes, lässt sich ein detaillierter Bericht über die Gesundheit von allein erziehenden Müttern und Vätern nachlesen.

»Eine gesundheitlich stark belastete Gruppe aufgrund alleiniger Zuständigkeit für Kindererziehung, Haushaltsführung und Sorge um den Lebensunterhalt« werden Alleinerziehende in diesem Bericht genannt. Allgemeine Befindlichkeitsstörungen wie innere Unruhe, Schlaflosigkeit und Schwächegefühle, erhöhte Schmerzanfälligkeit und chronische Migräne deuten auf die psychische Dauerbelastung für Körper und Seele hin. Als Hauptursachen für die im Vergleich zu verheirateten Müttern signifikant höhere Erkrankungsrate werden finanzielle Probleme, Zukunftsängste und seelische Überforderung aufgelistet.

Allerdings sind 55 Prozent aller allein erziehenden Mütter laut obigem Bericht sowohl mit ihrem Gesundheitszustand als auch mit ihrem sonstigen Leben rundherum zufrieden. Und mit dieser frohen Kunde möchte ich das schwierige Kapitel über die Mäuse für die Mäuse abschließen und mich einem netteren Thema zuwenden: der Liebe.

Denn was gibt es Netteres, Wunderbareres und Schöneres als die Liebe? Auch in dem anstrengenden Spagat zwischen Kindern, Küche und selten ausreichender Knete.

Das leidige Thema Geld

Was immer andere Menschen darüber sagen und denken mögen:
Geld
– vor allem fehlendes Geld –
beeinflusst alle Lebensbereiche.
Sicherlich sind Gesundheit, Freude und Glück wichtiger als Geld,
aber Gesundheit, Freude und das persönliche Lebensglück
hängen stark mit den finanziellen Bedingungen zusammen.

Wer arm ist
– und wer am Existenzminimum lebt, ist arm –,
dessen Denken und Fühlen dreht sich mehr um Geld,
als ihm lieb ist.
Die Gedanken und Gefühle von vielen Alleinerziehenden
als, statistisch belegt, ärmster Bevölkerungsschicht
kreisen neben der Sorge um die Kinder
oft ununterbrochen um Geld.

Ich habe kein Rezept
für ein gutes oder besseres Leben am Existenzminimum.
Ich empfinde Wut.
Ich habe Angst.
Ich mache mir Sorgen.
Sorgen um heute und Sorgen um morgen.
Mein einziger Trost ist zu wissen,
dass ich nicht alleine und als einziger Mensch auf der Welt
an dieser Wut, der Angst und den finanziellen Sorgen trage.

Die Liebe

Die Liebe ist eine Himmelsmacht, gegen die kein Kraut gewachsen ist. Selbst im gesetzten Alter von 51 Jahren hat sie sich vor kurzem wieder in mein Leben geschlichen, mich völlig durcheinander gebracht und mir mit leichtfüßigen Schwingen den grauen Alltag versüßt.

In einen netten Mann habe ich mich verliebt. Passend im Alter, Wochenendvater, gut aussehend und klug. Ein paar Wochen habe ich geglaubt, er meint mich, und dann hat er sich für eine jüngere Frau entschieden. Für eine viel jüngere Frau. Es hat mir nicht das Herz gebrochen. Aber klar gemacht, dass ich vermutlich eher von einem Tiger gefressen werde, als in meinem Alter noch einen neuen Partner zu finden. Vielleicht sollte ich mich in einem Seniorenstift umsehen. Ohne Rücksicht auf die älteren Damen, denen ich dann als viel jüngere Frau die potenziellen Liebsten wegschnappe.

Es ist aber keineswegs so, dass ich die Liebe nicht kenne. Ich habe zwei Kinder und die sind mir nicht vom Klapperstorch gebracht worden. Damals war es einfach mit der Liebe.

Als die Kinder auf der Welt waren, wurde es schwierig. Vor allem nach der Scheidung.

Während man zuerst damit beschäftigt ist, alles in den Griff zu kriegen und sein neues Leben zwischen Kindern, Küche und Knete zu sortieren, tendiert das Interesse an Liebe gegen null. Doch irgendwann erwacht die Sehnsucht wieder. Die Sehnsucht nach Liebe, Wärme und Zärtlichkeit. Die Sehnsucht, nicht nur Mutter und fleißiges Arbeitstierchen, sondern auch Frau zu sein. Die Sehnsucht nach einem neuen Lebenspartner.

Als Erstes traf ich einen, der dachte, so eine Mutter, die ist praktisch, die muss sowieso für ihre Kinder kochen und da kann sie mir gleich ein Schnitzel mit in die Pfanne hauen. Und die Socken waschen und das Bett machen und mich in jeder Hinsicht rundherum versorgen. Für einen Pascha im Haus hatte ich mich aber nicht scheiden lassen. Als Nächstes traf ich einen, der dachte, wenn er seine Socken selbst wäscht und sein Bett macht und immer rücksichtsvoll, sensibel und kein Pascha ist, dann kann er sich zwischenzeitlich in Ruhe überlegen, ob er sich binden will oder vielleicht doch noch die Hörner abstoßen muss. Einen, den ich nach seinen aushäusigen Liebesabenteuern an mein großes Herz drücken und ihn ob seiner ihm selbst unverständlichen Leidenschaften mütterlich trösten sollte. Aber auch für einen »neuen Mann« im Haus hatte ich mich nicht scheiden lassen.

Da war mein Ehemann besser gewesen. Der dachte zwar hauptsächlich an seine Karriere, ging aber nicht fremd und konnte sogar Marmelade einkochen.

Also blieb ich lieber solo.

Weil ich aber – wie viele allein erziehende Mütter – nicht nur tüchtig, pfiffig und patent, sondern auch attraktiv und klug war, lernte ich nach dem alten Pascha und dem »neuen Mann« durchaus weitere Kandidaten kennen. Sobald sie von meinen zwei süßen und aufgeweckten Kindern erfuhren, sah ich sie in einer Staubwolke verschwinden. Ich ruf dich an, Baby, hätte Richard Gere zu Julia Roberts gesagt, wenn seine Pretty Woman mit zwei quengelnden Kindern im Schlepptau aufgetaucht wäre.

Die Sehnsucht nach Liebe, Wärme und Zärtlichkeit konnte ich mir anscheinend aus dem Kopf schlagen. Die Sehnsucht, nicht nur Mutter zu sein, auch. Ich war eben keine begehrenswerte Frau, sondern ein fleißiges Arbeitstier. Sonst nichts. Die Sehnsucht nach einem neuen Lebenspartner ist trotzdem geblieben.

Oft sind Alleinerziehende das, was der Name schon sagt: allein.

Denn zwischen Kindererziehen und Geldverdienen kommt ihnen die Liebe im Laufe der Jahre einfach abhanden. Sie kommt ihnen auch abhanden, weil sie keine Zeit haben auszugehen und kein Geld haben für Kino, Theater und Disco.

Wenn sie nicht im beruflichen Umfeld einen neuen Gefährten kennen lernen, bleiben ihnen nicht viele Möglichkeiten, jemanden zu treffen. Heute bietet sich das Internet als Kontaktbörse an oder eine Anzeige in einer passenden Zeitung. Viele Alleinerziehende engagieren sich beim Verband alleinerziehender Mütter und Väter (VAMV) und lernen dort neue Menschen und vielleicht auch eine neue Liebe kennen.

Und gründen dann vielleicht eine Patchwork-Familie. Eine Familie wie eine bunte Flickendecke. Zusammengewürfelt aus alten und neuen Mamas, alten und neuen Papas, meinen, deinen und unseren Kindern.

In früheren Zeiten nannte sich diese Konstellation Stieffamilie. Dieser Begriff hat sich aber nicht durchgesetzt, weil er zu sehr an Stiefeltern im Märchen erinnert, böse Stiefeltern, die ihre Stiefkinder in wilde Schwäne verwandeln oder alleine im Wald aussetzen.

In der Patchwork-Familie wird niemand ausgesetzt, sondern man setzt sich kräftig und gemeinsam auseinander.

Gründe für Auseinandersetzungen gibt es genug. Da ist die vorpubertierende elfjährige einzige Tochter, die plötzlich und ungefragt einen vierjährigen kleinen Bruder vorgesetzt bekommt, der gerade mitten in seiner Trotzphase steckt. Da ist die Ex-Frau, die nicht einsieht, dass ihre Kinder sich jedes Wochenende mit den Kindern der neuen Frau ihres Ex-Mannes das Zimmer teilen müssen. Da ist ein Geschwisterpaar, das auf ein Einzelkind trifft, ein fremder Papa, der andere Erziehungsregeln als der eigene aufstellt, eine fremde Mama, die scheinbar nur ihre eigenen Kinder liebt, und ein fremdes Geschwister, das nicht versteht, dass man traurig ist und die neue Mama oder den neuen Papa ganz blöde findet und eigentlich nur Sehnsucht nach früher hat.

Patchwork-Familien brauchen etwa drei bis fünf Jahre, bis sich eine neue und stabile Ordnung und Harmonie in der Familie gebildet hat. Diese Ordnung und Harmonie muss hart erarbeitet werden. Die Erwachsenen, die frisch verliebt und begeistert aus zwei unvollständigen Rumpffamilien eine wieder vollständige Folgefamilie gründen, ahnen oft nicht, dass ihre »Rumpfkinder« sich, durch diese Idee weniger begeistert, in Monster verwandeln können. Monster, die beharrlich jede Kooperation verweigern.

Kinder sind nicht automatisch durch eine wieder vollständige Familie glücklich zu machen. Sie brauchen ausreichend Zeit und viel Verständnis, manchmal auch professionelle Hilfe, um diese Lebensumstellung zu bewältigen.

Bei der Familienzusammenführung zweier allein erziehender Eltern ist also jede Menge Geduld vonnöten.

Aber nicht nur die zusammengewürfelten Kinder liefern der Patchwork-Familie genügend Gründe für Auseinandersetzungen. Auch die Erwachsenen brauchen eine Umgewöhnungsphase.

Jahrelanger Stress beim Alleinerziehen macht nicht gerade fröhlich und offen für eine neue Partnerschaft. Eine Partnerschaft, in der Nähe und Distanz ausgewogen und Verantwortlichkeit abgesteckt werden muss, Regeln im Zusammenleben aufgestellt sein wollen und in der nach dem einsamen wieder ein gemeinsames Leben neu geübt werden will.

Alleinerziehende haben gelernt alleine zu leben und alles alleine zu managen, da fällt ein neues gemeinsames Leben manchmal nicht so leicht.

Dazu kommt, dass viele Patchwork-Familien durch Unterhaltsverpflichtungen an Ex-Partner und Kinder, die beim Ex-Partner leben, finanziell stark belastet sind und eine entspannte Neugründung einer Folgefamilie kaum möglich ist.

Mit Liebe, gegenseitigem Verständnis, Fingerspitzengefühl und manchmal ein wenig professioneller Hilfe lassen sich aber alle Probleme im Laufe der Zeit ausräumen – dann steht dem neuen Glück der bunten Flickendecke-Familie nichts mehr entgegen.

Überstürzen Sie nichts

Alleinerziehende haben sich an der Liebe
schon einmal die Finger verbrannt.
Gehen Sie also vorsichtig und behutsam mit sich selbst
und einer neuen Liebesgeschichte um.

Nicht jeden One-Night-Stand
den Kindern am Frühstückstisch servieren.

Falls Sie einen richtig netten Mann kennen lernen,
lassen Sie sich Zeit
und lassen Sie vor allem Ihren Kindern Zeit,
ihn kennen zu lernen.

Rechnen Sie trotzdem mit Schwierigkeiten.
Kinder finden einen neuen Papi oder eine neue Mami
nicht auf Anhieb toll.
Manchmal werden sie sogar richtig biestig,
was die Sache nicht unbedingt vereinfacht.
Geduld ist hier das Zauberwort.

Allein erziehende Väter

Trotz aller Fortschritte in Medizin und Technik können nach wie vor nur die Frauen Kinder kriegen. Es gibt also keinen Mann, der mit Kugelbauch von einer Frau im Stich gelassen wird und sich von vorneherein auf eine Rolle als allein erziehender Vater einstellen muss. Allein erziehende Väter entstehen deshalb immer erst nach der Geburt eines Babys.

Manche Männer verlieren ihre Frau während der Entbindung. Das Neugeborene überlebt und dieser schreckliche Schicksalsschlag macht sie direkt im Kreißsaal zum allein erziehenden Vater. Es passiert selten, aber es passiert. Ich habe es als Hebamme dreimal erlebt.

Die meisten Väter werden aber, ebenso wie die meisten Mütter, durch eine Trennung oder Scheidung allein erziehend. Der Vater bekommt das alleinige Sorgerecht für die Kinder zugesprochen, weil die Mutter nicht in der Lage oder willens ist, sich adäquat um die Erziehung zu kümmern.

Nicht jede Frau macht die Geburt eines Kindes zur guten Mutter. Manche Frauen sind mit der Verantwortung für ein Kind überfordert. Sie haben vielleicht Probleme mit Alkohol oder Drogen, misshandeln ihre Kinder oder sind aufgrund ihrer eigenen Geschichte nicht fähig, liebevoll mit einem Kind umzugehen. Andere Frauen sind zwar liebevoll, wissen aber, dass das Kind bei seinem Vater besser aufgehoben ist als bei ihnen. Manchmal sind die Umstände im Leben von Müttern so kompliziert, dass der Vater auf jeden Fall die bessere Mutter ist.

14 Prozent der Alleinerziehenden sind Väter. Und diese allein erziehenden Väter leben genauso zwischen Kindern, Küche und

Knete wie die allein erziehenden Mütter. Sie müssen genauso dafür sorgen, dass der Alltag und der Haushalt laufen, die Erziehung und Betreuung der Kinder gewährleistet und gleichzeitig genug Geld im Portemonnaie ist. Das mit dem Geld ist allerdings bei allein erziehenden Vätern etwas leichter als bei den Müttern.

Während ein Drittel aller allein erziehenden Mütter auf Sozialhilfe und andere staatliche Leistungen angewiesen ist, sind es bei den allein erziehenden Vätern nur etwa sechs Prozent, die finanzielle Unterstützung benötigen. Das hat mehrere Gründe. Männer sind selten allein erziehende Väter von Babys oder Kleinkindern, deren Betreuung und Versorgung eine ganztägige Anwesenheit erfordert. Die meisten Väter versorgen größere Kinder, die schon zur Schule gehen. Männer sind oft besser ausgebildet und haben eine höherwertige und demnach besser bezahlte Arbeit als Frauen. Zudem verdienen sie ohnehin um ein Drittel mehr. Über 80 Prozent der allein erziehenden Väter sind in Vollzeit beschäftigt. Von den allein erziehenden Müttern gehen 50 Prozent den ganzen Tag arbeiten. Im Portemonnaie macht sich das schnell bemerkbar.

Dennoch sind allein erziehende Väter im Vergleich zu verheirateten Vätern finanziell wesentlich schlechter gestellt. Während 75 Prozent der verheirateten Väter angeben, mit ihrem Lebensstandard zufrieden zu sein, sind nur 46 Prozent aller allein erziehenden Väter zufrieden.

Vergleichende Daten über die Zufriedenheit mit dem Lebensstandard verheirateter und allein erziehender Mütter liegen leider nicht vor.

Die finanziellen Bedingungen sind also bei allein erziehenden Vätern besser als bei allein erziehenden Müttern. Doch wie sieht es mit den Kindern und in der Küche aus?

Interessanterweise verbringen allein erziehende Väter fast ebenso wenig Zeit mit der Hausarbeit wie verheiratete Männer. Vielleicht sind Männer bei der Organisation des Haushaltes geschickter oder legen nicht so viel Wert auf einen Fußboden, von dem sich essen lässt. Vielleicht haben sie auch mehr finanzielle Möglichkeiten, eine

Haushälterin zu engagieren. Oder sie bekommen mehr helfende Hände gereicht, denn allein erziehende Väter werden von Frauen aller Altersklassen bewundert.

Bei der Betreuung, Versorgung und Erziehung der Kinder findet sich aber kein Unterschied. Allein erziehende Väter sind genauso bemüht, engagiert, liebevoll und erfolgreich in der Erziehung wie alle anderen Eltern. Die Kinder weisen im Vergleich zu Kindern verheirateter Eltern oder allein erziehender Mütter keine andere Entwicklung auf. Weder die Jungen noch die Mädchen.

In hundert Jahren wird sich in einigen rückblickenden historischen Untersuchungen wahrscheinlich herausstellen, dass es nicht wirklich wichtig ist, bei wem ein Kind heranwächst, ob es eine oder zwei Bezugspersonen hat und ob diese Personen Mann oder Frau oder zwei Personen gleichen Geschlechtes sind.

Vermutlich wird sich herausstellen, dass das Einzige, was wirklich wichtig für ein Kind ist, die Liebe ist. Die Liebe, die ihm entgegengebracht wird. Von Vater und Mutter gemeinsam oder von einem Vater oder einer Mutter allein.

Vielleicht ist also in gewisser Weise die kritische Beobachtung der Entwicklung von Scheidungskindern nur ein Problem unserer heutigen Zeit.

Einer Zeit, in der sich familiäre Bedingungen radikal verändern und Kinder in allen möglichen Familienkonstellationen glücklich heranwachsen. Wenn ihnen genügend Liebe und Verständnis entgegengebracht wird. Die Vorstellung, Kinder könnten sich nur in einer vollständigen Familie richtig entfalten, ist eine überkommene Vorstellung, die auf stereotypen Rollenbildern beruht. Rollenbilder, die besagen, Männer könnten nicht mütterlich und Frauen beruflich nicht erfolgreich sein.

Die meisten allein erziehenden Mütter leisten mehr als so mancher verheiratete Mann, der nur seinem Job nachgeht und sonst nichts zur Familie beiträgt, und die meisten allein erziehenden Väter sind mütterlicher als so manche Ehefrau, die im Schutze der Familie ganz unmütterlich ihre Kinder piesackt.

Allein erziehende Väter

Da ich kein Mann bin
und demnach nicht weiß, wie sich ein Vater fühlt,
geschweige denn ein allein erziehender Vater,
möchte ich allen betroffenen Vätern lieber die Lektüre eines Ratgebers für allein erziehende Väter empfehlen (siehe Seite 126).

Was ich aber weiß, ist:
Auch allein erziehende Väter
haben mit Problemen und vielen Vorurteilen zu kämpfen.

Das stereotype Bild des Mannes in unserer Gesellschaft
als unsensibler arbeitswütiger Karrieremacher führt dazu,
dass wir allein erziehende Väter
selten als liebevolle,
der Familie zugeneigte,
auf Karriere und Arbeitswut verzichtende Menschen
wahrnehmen.
So wie allein erziehenden Müttern nicht zugetraut wird,
dass sie erfolgreiche Menschen sind,
die beruflich sehr gut »ihren Mann stehen« können,
wird allein erziehenden Vätern nicht zugetraut,
dass sie zärtliche, fürsorgliche Menschen sind,
die auch sehr gut
die Treppe putzen und Windeln wechseln können.

Es wird endlich Zeit,
mit all diesen Klischees über Frauen und Männer
ein für alle Mal aufzuräumen.

Mit Rat und Tat zu Ihrem Recht

Alleinerziehende heißen »zentrale Problemgruppe der Gesellschaft«, weil ein zentrales Problem der Gesellschaft auf ihrem Rücken lastet. Nämlich das bisher ungelöste Problem, wie sich Familie, Kind und Beruf, ohne in die Armut zu rutschen, als Frau alleine organisieren lässt. Alleinerziehende leiden also weniger an inneren Problemen, sondern mehr an durch äußere Gegebenheiten bedingten Problemen. Innere und äußere Probleme können leicht durcheinander geraten und auch mit Absicht durcheinander gebracht werden.

Wer beispielsweise keinen Kindesunterhalt bekommt, hat bei zwei Kindern schnell ein großes Loch im Portemonnaie. Fünf Prozent aller Alleinerziehenden geben den Ehegatten- und Kindesunterhalt als Haupteinnahmequelle an. 30 Prozent aller Väter hinterziehen den Unterhalt und weitere 30 Prozent bezahlen zu wenig. (Mütter bleiben allein erziehenden Vätern übrigens noch wesentlich mehr Unterhalt schuldig als Väter.) 30 Prozent der Kinder erhalten deshalb Geld aus der Unterhaltsvorschusskasse, was den Staat im Jahr 400 Millionen Euro kostet. Nur zehn Prozent dieser Summe kann er bei den säumigen Unterhaltspflichtigen wieder einfordern.

Doch zurück zu dem Loch im Portemonnaie.

Wer keinen Kindesunterhalt bekommt, hat bei zwei Kindern ein Problem, das 600 Euro im Monat – die Höhe des Kindesunterhalts – betragen kann. Wem 600 Euro fehlen, Geld, das dafür vorgesehen war, den Kindern etwas zu essen zu kaufen, der bekommt schnell ein persönliches Problem, weil es stressig ist, nicht zu wissen, wovon man seinen Kindern etwas zu essen kaufen soll. Der oder die Alleinerziehende muss also zum Jugendamt gehen, damit es mit Unterhaltsvorschuss hilft.

Das Problem potenziert sich zu einem großen inneren Problem, denn wer geht schon gerne zum Jugendamt und sagt, dass er seinen Kindern nichts zu essen kaufen kann? Beim Jugendamt wird der oder die Alleinerziehende schräg angesehen, denn wer lebt schon derartig am Existenzminimum, dass er seinen Kindern aus eigenen finanziellen Kräften nichts mehr zu essen kaufen kann? Ist denn diese zentrale Problemgruppe nicht in der Lage, mit ihrem Geld auszukommen? Der oder die Alleinerziehende fühlt sich schlecht und schuldig, weil er oder sie zu dieser Gruppe gehört und nicht mit dem Geld auskommt und dazu noch große persönliche Probleme hat. Gedemütigt geht er oder sie nach Hause und hofft, dass der Unterhaltsvorschuss schnell bewilligt und überwiesen wird. Das persönliche Problem nimmt er oder sie mit, sitzt abends am Küchentisch, kaut die Nägel ab und hat vor Scham und Schuld völlig vergessen, dass ihm oder ihr in Wirklichkeit nur ein äußeres Problem, hervorgerufen durch den säumigen Unterhaltspflichtigen, das Leben erschwert.

So leicht geraten also innere und äußere Probleme durcheinander. Und das nicht nur bei Alleinerziehenden. Die Neigung, bisher ungelöste Probleme der Gesellschaft aufgrund von Schuldgefühlen zu eigenen, also persönlichen Problemen zu machen, ist bei ihnen aber besonders stark ausgeprägt.

Denn Alleinerziehende schämen sich sowieso für ihre finanzielle Lage und empfinden beispielsweise Unterhaltsvorschuss als ein Almosen und nicht als ein Recht, das von klugen Köpfen eigens für Menschen wie sie, die in Geldnot sind und Angst haben, ihren Kindern nichts mehr zu essen kaufen zu können, ausgedacht worden ist.

Manchmal brauchen Alleinerziehende deshalb nur einen guten Rat. Aber guter Rat ist bekanntlich teuer. Und teuer ist ein Wort, das Alleinerziehende nicht gerne hören – schließlich reicht das Geld so schon hinten und vorne nicht.

Prozesse, Gerichtsverhandlungen und Rechtsanwälte sind teuer. Bei all den komplizierten Sachverhalten vor, während und nach einer Scheidung oder auch Trennung tauchen aber Fragen auf, die den Beistand von Gericht und damit einen Rechtsanwalt nötig machen. Viele der Fragen lassen sich nicht ohne juristischen Rat beantworten, andere Fragen dürfen erst gar nicht ohne diesen beantwortet werden. Selbst die einvernehmlichste Regelung der Eltern über das Sorgerecht für die Kinder muss gerichtlich festgelegt sein.

Im Dschungel zwischen Sozialamt, Wohnberechtigungsschein, Arbeitsagentur, Unterhalt, Sorgerecht, Versorgungsausgleich, Prozesskostenhilfe und Unterhaltsvorschusskasse, Ehegatten- und Kindesunterhalt, Erziehungsgeld, Kindergeld, Kinderfreibetrag, Renten-, Pflege- und Krankenkasse, Mietzuschuss, Schuldnerberatung, Jugendamt und Erziehungsberatungsstelle kann man schnell verloren gehen, und deshalb ist es wichtig, nicht nur guten, sondern sehr guten juristischen Rat zu erhalten.

Wohin sollen sich Alleinerziehende also wenden, wenn ihnen obiger Dschungel über den Kopf zu wachsen droht und sie sehr guten juristischen Rat brauchen? Mein Vorschlag ist, sich zuerst an den Verband alleinerziehender Mütter und Väter (VAMV, siehe Seite 122) zu wenden. Der Verband alleinerziehender Mütter und Väter, der in jeder großen, aber auch in vielen kleineren Städten vertreten ist, arbeitet auf der Basis von Selbsthilfe seit über 37 Jahren erfolgreich für die Belange allein erziehender Eltern. Dort bekommen Sie gegen eine kleine Gebühr seriösen Rat zu all Ihren Fragen und tatkräftige Hilfe zur Bewältigung aller Probleme.

Im Gegensatz zu mir, die ich hier in diesem Buch weder juristische Fragen beantworten noch Ihnen seriösen Rat geben, geschweige denn tatkräftige Hilfe zukommen lassen kann, finden Sie bei Ihrem regionalen VAMV Adressen von spezialisierten Rechtsanwälten und Beratungsstellen, Broschüren und Bücher zu verschiedenen Themen des Alleinerziehens und einen großen Erfahrungsschatz sowie kompetente Begleitung von allein erziehenden Müttern und Vätern durch schwierige Zeiten.

Außerdem finden Sie dort vielleicht auch neue Freunde, mit denen Sie sich austauschen und treffen, mit denen Sie Ausflüge machen oder in Urlaub fahren können.

Der Behörden-Dschungel

Vor einem Behördenbesuch sollten Sie
immer entspannende Yoga-Übungen machen,
sich hübsch anziehen und die Kinder kämmen!
Während eines Behördenbesuchs
immer ruhig und gelassen bleiben, friedlich und verständnisvoll.
Nach einem Behördenbesuch
können Sie gerne gepfefferte Beschwerdebriefe versenden.
Als hysterisch kreischender Behördenbesucher
hat man schlechte Karten.
Als ein auf seinen Rechten bestehender
kultivierter Briefe-Schreiber
bekommt man meistens das,
was man will und braucht und was einem zusteht.

Falls Sie umziehen wollen
und eine neue Wohnung suchen,
sagen Sie dem Vermieter, dass Sie Witwe sind.
Für Witwen
– als unfreiwillig in Not geratene arme Frauen –
haben Vermieter viel Verständnis und Hilfe übrig.
Für Alleinerziehende selten.

Was bedeutet eigentlich allein stehend?

Als Autorin liebe ich es, der Sprache genau auf den Grund zu gehen und ihre geheimen Botschaften zu entschlüsseln. Das Begriffspaar »allein stehend« trägt zwei Botschaften, aber nur eine wird in unserem Sprachgebrauch benutzt: die Botschaft, dass eine Alleinerziehende allein stehend ist. Mutterseelenallein, mit einem Mangel behaftet und einsam. Aber es gibt auch die andere Botschaft. Alleinerziehende stehen nicht nur allein, sondern können auch laufen, springen, tanzen und eigenständig ihren Lebensweg gehen.

Direkt nach einer Scheidung oder Trennung gehört man eher zu der ersten Gruppe. Einsam, allein und orientierungslos. Wie soll das alles nur klappen? Alleine mit den Kindern. Alleine das Geld für die Familie verdienen. Alles allein entscheiden. Und wenn die Waschmaschine kaputtgeht? Oder das Klo verstopft ist? Was soll man dann tun? Wer wird das reparieren? Wer macht die Steuererklärung und wer sagt den Kindern, dass sie jetzt ins Bett gehen müssen? Die erste Zeit als Alleinerziehende ist wie ein Berg, der sich vor einem auftürmt und der unbezwingbar erscheint. Ein persönlicher Mount Everest.

Kurze Zeit später geht die Waschmaschine wirklich kaputt. Die Kinder ziehen jeden Tag drei neue T-Shirts an und schmieren ihre Hosen voll Matsch und die Waschmaschine kann doch nicht einfach so kaputt sein. Es muss doch Wäsche gewaschen werden. Dringend! Zuerst kriegt man einen Nervenzusammenbruch. Heulend sitzt man auf dem Fußboden vor der kaputten Maschine und will nicht mehr allein erziehend sein. Dann schaut man ins Portemonnaie. Eine neue Waschmaschine ist auf keinen Fall drin. Die nächste Heulattacke auf dem Fußboden. Heulen nützt aber nichts und löst das Problem, das dringend gelöst werden muss, auch nicht.

Etwa zwölf Telefonate mit Waschmaschinenhändlern später ein erneuter Nervenzusammenbruch. Nie mehr im Leben, weder in diesem noch im nächsten, will man allein erziehend sein. Die Kinder kommen heim, wundern sich über die Mutter, die zwischen verrotzten Taschentüchern mit roten Augen auf dem Fußboden sitzt, und wollen trotzdem etwas zum Abendbrot. Beim Essen wird einem schlagartig klar, dass Männer selten wegen einer kaputten Maschine zwischen verrotzten Taschentüchern verstört auf dem Fußboden sitzen, sondern sich stattdessen mit passendem Werkzeug bewaffnet tatkräftig dem Innenleben der kaputten Maschine nähern. Werkzeug gibt es schon. Irgendwo im Keller.

Nach dem Abendbrot wird die Sache genau durchdacht.

Wo kommt das Wasser her und wo fließt das Wasser hin? Wie dreht sich die Trommel? Welchen Deckel muss man abschrauben und welche Schraube kann man abschrauben? Vorsicht vor einem elektrischen Schlag. Nach Mitternacht findet sich endlich die glitschige Socke, die im Flusensieb eine neue Heimat gesucht und die Waschmaschine blockiert hat.

So stolz muss derjenige gewesen sein, der das Rad erfunden hat.

Das nächste Mal, wenn die Waschmaschine streikt, bricht man nicht mehr in Tränen aus, sondern holt gleich das Werkzeug aus dem Keller. Das neue Werkzeug, das man sich im Baumarkt allein unter Männern in der Zwischenzeit gekauft hat. Im Laufe der Zeit steht ein ganz ahnsehnlicher Werkzeugkasten im Keller. Mit Schlagbohrmaschine, Schwingschleifer, Schraubenziehern aller Art, Hämmern, Nägeln, Dübeln und einem Tapeziertisch.

Wer Waschmaschinen reparieren kann, wird auch mit einem verstopften Klo fertig. Und mit allen anderen Herausforderungen auch. Sogar mit einer Steuererklärung. Nicht sofort und nicht ohne

Kämpfe. Nur mit den Methoden: »Selbst ist die Frau«, »Learning by Doing« und »Versuch macht klug«.

Langsam verwandelt sich der unbezwingbar scheinende Mount Everest in einen Mittelgebirgshügel und man selbst verwandelt sich von einem unselbstständigen, ängstlichen kleinen Frauchen in eine selbstbewusste Frau. Vom einem hilfsbedürftigen Mäuschen in eine ausgekochte Füchsin. In eine Frau, die auf eigenen Füßen steht. Eine Frau, die sich nicht die Butter vom Brot nehmen lässt. Und vor allem in eine Frau, die sich nicht und niemals für eine armselige allein erziehende Mutter hält.

Sondern für eine patente, tüchtige, kluge, selbstbewusste und allein stehende Frau, die zudem auch noch Mutter ist.

Allein stehende Frauen

Allein stehende Frauen
rufen zwar den Beschützerinstinkt der Männer wach,
aber leider auch wohlwollend herablassendes Benehmen,
gönnerhaftes Schultertätscheln und dergleichen.

Nein,
es wächst einem kein Damenbart,
wenn man als Frau allein stehend ist.

Allerdings dürfen Sie,
auch wenn Sie sich längst
von einer **allein** stehenden
in eine allein **stehende** Frau verwandelt haben,
im Baumarkt weiter das verwirrte kleine Häschen spielen.
Männer mögen nichts mehr,
als im Baumarkt
verwirrten kleinen Häschen
kompetente Tipps
zur Waschmaschinen-Reparatur zu geben.
Da wird Ihnen wenigstens geholfen.

Falls Sie die Waschmaschine trotzdem nicht repariert kriegen,
sagen Sie mir Bescheid.
Ich kenne mich auf diesem Gebiet mittlerweile ganz gut aus.

Alleinerziehen morgen

Auch morgen wird es Männer und Frauen und Kinder geben. So wie heute und gestern und seit Anbeginn der Menschheit. Aber es wird immer weniger Frauen geben, die sich die Butter vom Brot nehmen lassen. Die Frage ist also, wohin sich die Sache mit den vielen Scheidungen und Alleinerziehenden entwickeln wird.

Noch vor 20 Jahren waren Alleinerziehende mitleidig betrachtete Frauen am Rande der Gesellschaft. Sonderbare Wesen, denen aus sonderbaren Gründen die Männer abhanden gekommen oder die sowieso lesbisch waren und mit Haaren auf den Zähnen ihre Ehemänner vertrieben haben.

Heute sind sie eine zentrale Problemgruppe mit rund 2,4 Millionen Mitgliedern.

Für morgen gibt es drei Möglichkeiten:

Die erste ist, dass sich überhaupt nichts verändert. Eine bessere Familienpolitik und vernünftige Kinderbetreuungseinrichtungen lassen auf sich warten, die Zahl der Scheidungen bleibt konstant hoch, es kommt zu keiner Veränderung im Denken und Alleinerziehende leben weiter am Rande der Armut so vor sich hin.

Die zweite ist, dass sich plötzlich alles zum Guten wendet. Männer übernehmen ihren Teil der Familienverantwortung. Frauen können unbesorgt arbeiten gehen und es gibt auch genug Arbeit für alle Männer und Frauen. Kinder bekommen den Stellenwert in der Gesellschaft, der ihnen als Träger der Zukunft eigentlich zusteht, und Kinderbetreuung ist nicht länger ein kostspieliges Privatvergnügen, sondern im Interesse der Zukunft dieser Gesellschaft. Niemand lässt sich mehr scheiden, die Zahl der Alleinerziehenden geht zurück, kein Kind muss mehr von der Sozialhilfe leben und alle sind glücklich bis in alle Ewigkeit.

Die dritte Möglichkeit ist die wahrscheinlichste: Es kommt noch schlimmer. Die Zahl der Geburten sinkt weiter. Akademikerinnen kriegen keine Kinder mehr. Jede zweite Ehe wird geschieden. Aus 2,4 Millionen Alleinerziehenden werden fünf Millionen. Die Zahl der von Sozialhilfe abhängigen Kinder steigt ums Dreifache und die versprochenen Kinderbetreuungseinrichtungen bleiben nichts als heiße Luft und wohlwollende Worte von Politikern, die ihre eigenen Kinder nur von Weitem und beim Schlafen sehen, sprich, die überhaupt keine Ahnung davon haben, was es heißt, Kinder großzuziehen. Oder sogar Kinder alleine großzuziehen.

In der besten aller Welten würde die zweite Möglichkeit eintreten. Leider leben wir nicht in dieser besten aller Welten und deshalb wird es schlimmer kommen, bevor es besser werden kann.

Solange Frauen sich bei dreifacher Belastung als Hausfrau, Mutter und Berufstätige täglich abhetzen müssen, wird sich nichts ändern. Solange es immer noch Männer gibt, die lieber vor dem Fernseher die Füße hochlegen anstatt ihren Frauen zu helfen, wird sich nichts ändern. Und solange Kinder zu haben das höchste Armutsrisiko für Menschen bedeutet, soll es doch schlimmer kommen, damit es bald besser werden kann.

Die hohe Scheidungsrate und die rasant steigende Anzahl von Alleinerziehenden zeigen wie ein blinkendes Warnlämpchen im Auto, dass ein Fehler im System ist, der möglichst schnell behoben werden sollte. Jeder fährt mit dem Auto, wenn ein Warnlämpchen blinkt, in die Werkstatt und lässt den Fehler suchen und beheben.

Ich wünsche mir, dass die Alleinerziehenden nicht noch endlos als rotes Warnlämpchen so vor sich hin blinken müssen, bevor über wirkliche Lösungen für die Betreuung und Versorgung von Kindern nachgedacht wird. Und zwar über Lösungen, die sich nicht nur in wortreichen und wohlwollenden Vorschlägen erschöpfen, sondern die auch umgesetzt werden.

Wohin geht die Reise?

Im Unterschied zum Armuts- und Reichtumsbericht
aus dem Jahre 2001
hat sich der neueste Bericht aus dem Jahre 2004
wie folgt verändert:
Die Überschuldung von Familien ist um 13 % gestiegen.
Die Armutsrisikoquote von Familien ist von 12,6 % auf 13,9 % gestiegen.
Die Einkommensarmut ist von 13,8 auf 15 % gestiegen.
Aus 6,8 % aller Kinder unter 18 Jahren,
die 2001 Sozialhilfe bezogen haben,
sind 7,2 % im Jahr 2004 geworden.
Mehr als die Hälfte dieser Kinder
sind Kinder von Alleinerziehenden.
Besser geworden ist es offensichtlich nicht.
Man darf also mit Spannung den nächsten Bericht erwarten.

Mit der Arbeitsmarktreform Hartz IV
bestätigt sich, dass es schlimmer werden muss,
bevor es besser werden kann.
Hartz IV für Alleinerziehende heißt:
Sie werden »arbeitsfähig« gesprochen
(ohne Rücksicht auf das Alter ihrer Kinder),
um aus der Sozialhilfestatistik zu verschwinden.
Wenn sie einen Arbeitsplatz ablehnen,
weil die Kinderbetreuung nicht gewährleistet ist,
bekommen sie weniger oder überhaupt kein Geld mehr.
Sie haben kein Anrecht auf den Kindergeldzuschlag.
Das Kindergeld wird bei der Berechnung von Hartz IV
mit angerechnet.

Mögliche Lösungen des Problems

Goethe fuhr wochenlang mit der Kutsche nach Italien. Wir sind mit dem Flieger in einer Stunde am Strand. Früher bedeutete ein Blinddarmdurchbruch den sicheren Tod. Heute ist er eine Routineoperation. Unsere Großmütter kochten in brodelnden Kesseln die Wäsche aus. Heute steht in jedem Haushalt eine Waschmaschine. Ein Traum für unsere Großmütter, denn die armen Frauen mussten damals nicht nur Kinderwindeln, sondern sogar ihre Monatsbinden mit der Hand auswaschen und schamhaft hinter dem Haus zum Trocknen aufhängen. Der menschliche Geist ist also fähig, Probleme wahrzunehmen, über sie nachzudenken und eine geeignete Lösung zu finden. Menschen sind neugierig, kreativ und sehr erfindungsreich.

Deshalb gibt es heute Flugzeuge, Waschmaschinen, Pampers und vierunddreißig verschiedene Sorten Tampons. Das ist das Wunderbare am Menschen und seinem kreativen Geist. Da wird sich doch wohl auch eine Lösung für das Problem zwischen Adam und Eva finden lassen.

Die Lösung ist nicht, Frauen in der Wohnung einzusperren. Die Lösung ist ebenfalls nicht, darauf zu warten, dass Frauen aufhören emanzipiert zu sein.

Auch wenn so mancher Mann sich das vielleicht wünscht: Das Rad der Zeit lässt sich nicht einfach zurückdrehen. Es gab nun mal die Emanzipation. Und diese Emanzipation der Frau wird sich noch weiter ausbreiten – bis in den letzten Winkel der Erde. Sogar in die Winkel der Erde, wo Frauen heute noch immer – bildlich gesprochen – in der Wohnung zwischen Herd und Kinderzimmer festgebunden sind.

Die Zeiten, in denen Frauen nur Kinder gehütet, Essen gekocht, die Wohnung geputzt, Heim und Herd in Ordnung gehalten und es dem Gatten gemütlich gemacht haben, sind vorbei. Verschwunden im Dunkel der Geschichte. Verschwunden wie die Mammuts, die alten Römer und das Mittelalter. Damit müssen die Männer jetzt zurechtkommen und fertig werden.

Niemand fährt heute mehr mit der Kutsche nach Italien, verzichtet bei einem Blinddarmdurchbruch auf die lebensrettende Operation oder kocht in brodelnden Kesseln Kinderwindeln aus. Wir alle nutzen die Errungenschaften der modernen neuen Zeit.

Die Lösung für das Problem zwischen Adam und Eva ist also ganz leicht. Beide müssen nur umdenken. Und das ist nicht so schwer, wie es zunächst erscheint. Ein paar kurze, einprägsame Sätze reichen völlig aus, um alles zu begreifen.

1. Ein Kind entsteht durch einen Mann und eine Frau.
2. Die Frau bringt das Kind zur Welt.
3. Mann und Frau kümmern sich gemeinsam um das Kind.
4. Sie teilen sich die Arbeit mit Kind und Küche.
5. Sie kämpfen gemeinsam um vernünftige Kinderbetreuungseinrichtungen.
6. Sie lieben sich und respektieren einander.
7. Keiner ist der Diener des anderen.
8. Frauen sind genauso intelligent wie Männer.
9. Deshalb wollen sich Frauen auch an den Geschicken der Welt beteiligen.
10. Der liebe Gott – oder die Evolution – hat Männer und Frauen gemacht, damit sich beide an den Geschicken der Welt beteiligen, damit sie sich die Arbeit mit den Kindern teilen und damit sie Freude miteinander haben und nicht andauernd streiten.

Warum wir hier sind

Der liebe Gott – oder die Evolution –
hat Männer und Frauen gemacht,
damit sich beide an den Geschicken der Welt beteiligen,
damit sie sich die Arbeit mit den Kindern teilen und
damit sie Freude, Spaß und Lust an- und miteinander haben
und nicht andauernd streiten.

Mehr Familienfreundlichkeit!

Familienfreundlichkeit ist nicht der Blumenstrauß zum Muttertag. Auch nicht, wenn es ein größerer Blumenstrauß ist als letztes Jahr. Familienfreundlichkeit ist mehr eine Denkweise, die sich wie der Duft des Muttertagsblumenstraußes überall ausbreiten und zu Taten und Veränderungen führen könnte.

Jeder Mensch gehört zu einer Familie. Wir alle haben einen Vater und eine Mutter, einen Opa und eine Oma, Tanten, Onkel, Neffen, Nichten, Brüder oder Schwestern. Jeder von uns wird als einzelnes Glied in einer Kette von Generationen geboren und Eltern führen mit der Geburt ihrer Kinder diese Kette weiter. Jeder Mensch ist ein Teil der Menschen, die vor ihm gelebt haben, und ein Teil derer, die nach ihm leben werden.

Familienfreundlichkeit ist nicht nur Mütterfreundlichkeit. Natürlich wäre es nett, wenn diese Gesellschaft freundlicher zu ihren Müttern wäre. Wenn Mutter-Sein eine großzügige Anerkennung erfahren würde. Wenn Frauen nicht mit der Geburt eines Kindes vor der Frage stünden, ob sie ihren Beruf aufgeben müssen und damit ins hausfrauliche Abseits katapultiert werden.

Familienfreundlichkeit ist natürlich auch nicht ausschließlich Väterfreundlichkeit. Sicher wäre es nett, wenn Vater-Sein genauso großzügige Anerkennung erfahren würde wie Mutter-Sein. Wenn Männer nicht gezwungen wären, sich zwischen Karriere und Familie zu entscheiden und ihre Frauen mit den Kindern alleine zu lassen, weil Karriere und Familie zusammen kaum machbar ist.

Familienfreundlichkeit ist aber genauso wenig ausschließlich Kinderfreundlichkeit. Natürlich wäre es nett, wenn Kinder so leben könnten, wie Kinder leben sollten. Wenn sie ihre Stadt, ihr Dorf und ihr Umfeld ohne Gefahr für Leib und Leben im Spiel erkunden könnten. Wenn sie nicht so oft vor dem Fernsehapparat sitzen würden, weil keiner mehr Zeit für sie hat. Wenn sie Lärm machen dürften und toben, ohne dass sich sofort einer beschwert. Wenn sich alle Erwachsenen dieser Gesellschaft für die Kinder verantwortlich fühlen würden und nicht wegschauen, wenn eines geschlagen oder missbraucht wird, wenn eines verwahrlost oder am Rande der Gesellschaft und ohne gute Bildung aufwächst. Weil Kinder kein Störfaktor und kein Armutsrisiko, sondern die Zukunft unserer Gesellschaft sind.

Familienfreundlichkeit ist nicht mehr und nicht weniger als Freundlichkeit für Familien. Und Familien bestehen aus Männern, Frauen, Müttern, Vätern, Omas, Opas und Kindern. Aus großen und kleinen, alten und jungen Menschen. Jeder braucht als Kind Hilfe und jeder wird im Alter Hilfe brauchen.

So einfach ist das. Und deshalb ist Familienfreundlichkeit nicht der Blumenstrauß zum Muttertag, sondern mehr ein schützender Rahmen, in dem alle Männer, Frauen und Kinder der Gesellschaft gut aufgehoben sind. Nicht nur die Männer und Frauen, die Kinder haben, sondern alle Männer und Frauen. Auch die Singles, denn auch Singles entstammen einer Familie.

Ein Rahmen der Fürsorge und Akzeptanz. Ein liebevoller Rahmen, der gewährleistet, dass alle Menschen füreinander einstehen und nicht gegeneinander kämpfen.

Alleinerziehende sind in besonderem Maße auf diesen Rahmen angewiesen. Je stärker und liebevoller dieser Rahmen ist, desto weniger Alleinerziehende wird es vermutlich geben.

Familien ...

... feiern zusammen Weihnachten,
borgen sich gegenseitig Geld,
pflegen hingebungsvoll ein krankes Kind wieder gesund,
führen einen Betrieb, eine Firma oder ein Restaurant gemeinsam,
kümmern sich um gebrechliche Großeltern,
gehen zusammen spazieren oder fahren zusammen in Urlaub,
finden gemeinsam eine Lösung für Probleme,
stehen nachts siebenmal auf,
um ein schreiendes Baby zu beruhigen,
bestellen gemeinsam einen Garten
oder bauen gemeinsam ein Haus,
stehen einander in schwierigen Situationen bei,
sorgen füreinander und sind emotional miteinander verbunden.

Eine Gesellschaft von Menschen ohne Familienbande
wäre ein Albtraum.
Jeder würde gegen jeden kämpfen.
Jeder würde nur seinen eigenen Vorteil sichern.
Jeder würde versuchen, alles für sich alleine zu behalten.
So viel Geld wie möglich zu haben
wäre in solch einer Gesellschaft
das erstrebenswerteste menschliche Ziel.
Aber Geld schützt weder vor Alter, Einsamkeit, Hilflosigkeit,
Krankheit und Pflegebedürftigkeit,
noch schenkt es dem Menschen das Gefühl,
geliebt, geborgen und gut aufgehoben zu sein.

Gibt es ein Leben nach dem Alleinerziehen?

Alleinerziehen ist wie mitten im Sommer an den Winter denken. Während man im Sonnenschein im Schwimmbad auf der Terrasse sitzt, sind kalte Füße und die Dunkelheit eines Winternachmittags weit weg. Alleinerziehen ist wie mitten im anstrengenden Alltag an den Urlaub denken. Während man vor lauter Stress nicht weiß, wo einem der Kopf steht, ist die Vorstellung, am Strand zu sitzen und den Wellen zuzuschauen, eine sehr schwierige Übung.

Menschen können weit denken, aber nur nah fühlen.

Im Sommer kann man den Winter und im Alltagsstress den Urlaub nicht fühlen. Und umgekehrt.

Als meine Kinder noch bei mir wohnten, habe ich mir mitten in meinem anstrengenden Alltag oft gewünscht, dass sie schon groß wären und erwachsen und ihrer eigenen Wege gingen. Und dann habe ich mir vorgestellt, dass ich nach Mallorca ziehen, endlich Zeit für mich haben und nur noch schöne Sachen machen werde. Als es dann schließlich so weit war und die Kinder tatsächlich ausgezogen sind, fühlte ich mich wie ein verlorenes Taschentuch. Die erste Zeit habe ich trotzdem jeden Tag vier Liter Milch gekauft, zehn Brötchen und Käse für drei Personen. Nach ein paar Monaten dachte ich, dass die Kinder nun lange genug ausgezogen waren und wieder zurückkommen sollten. Und dann stellte ich mir vor, wie einsam es auf Mallorca ist und wie schön es wäre, wenn die Kinder wieder bei mir wohnen würden und alles wie früher wäre. Auch ich hatte weit gedacht, konnte aber nur nah fühlen.

Ich hatte gedacht, dass ich stolz sein würde und erleichtert und froh, wenn die Kinder ausziehen. Ich hatte gedacht, dass ich die letzten zwanzig Jahre Leben einfach so abhaken und zum nächsten Projekt übergehen würde. Dem Projekt, mich um mich selbst zu kümmern und mir etwas Gutes zu gönnen. Ich hatte an Mallorca gedacht und an die vielen schönen Sachen, die ich machen wollte. Ich hatte an alles gedacht, nur nicht an meine Gefühle.

Die Gefühle der Einsamkeit, des Verlorenseins, des Verlustes und der Erschöpfung. Nach einem Jahr Trauer und Durchwandern des Empty-Nest-Syndroms habe ich mir endlich meine Erschöpfung und Müdigkeit eingestanden und wäre am liebsten bis ans Ende meines Lebens in Kur gefahren.

Zwanzig Jahre arbeiten für drei ergibt mathematisch sechzig Jahre Arbeit. Nach sechzig Jahren Arbeit rund um die Uhr ist der stärkste Ochse erschöpft. Die moderne Hochleistungsfrau aber geht locker zum nächsten Projekt über.

Ich begann die Emanzipation der Frau zu hassen.

Obwohl sie eine notwendige und gute Sache ist, treibt sie immer mehr Frauen in heillose Überforderung, in Ansprüche, die kein Mensch erfüllen kann, und in einen seelischen Burn-out mit all den dazugehörenden gesundheitlichen Risiken. Wenn emanzipiert sein für eine Frau heißt, sich ständig abzurackern und dabei das Gefühl zu haben, immer noch nicht genug geleistet zu haben, dann wollte ich nicht mehr emanzipiert sein. Der Preis war mir zu hoch. Ich wünschte mir einen gut verdienenden Ehemann an meiner Seite, mit dem ich nach den Jahren des Kindererziehens in Kur fahren und mit dessen Rente wir es uns auf Mallorca schön machen konnten.

Ich hatte nicht gedacht, dass es so viel Kraft kostet, alleine zwei Kinder großzuziehen, alleine zwanzig Jahre für Kinder, Küche und Knete zu sorgen und alleine als emanzipierte Frau zu leben.

Ich hatte mich getäuscht und war auch getäuscht worden.

Von den Ansprüchen der früheren Frauenbewegung, die sagt, wenn Frauen genug eigene berufliche Visionen entwickeln, können sie alleine leben, weil sie genug Geld mit ihrem Beruf verdienen, um alleine zu leben. Die Tatsache aber, dass Frauen, wenn sie alleine leben, vielleicht auch Kinder alleine großzuziehen haben und das vielleicht sogar mit einem weniger gut bezahlten oder einem nicht akademischem Beruf, ist in dem frauenbewegten Konzept mitten in der Abschaffung des Patriarchats leider nicht vorgekommen. Sicher wurde mal über das Problem diskutiert, aber keine der Koryphäen der Frauenbewegung hat alleine Kinder großgezogen.

Ich war getäuscht worden von den Ansprüchen einer halben Generation, die 1968 lauthals auf der Straße verkündete, dass jetzt auf der Stelle nicht nur das Patriarchat, sondern alles abgeschafft und sowieso ganz anders würde. Die Jungs meiner Generation, die bei den Demonstrationen gegen Raketen und Atomkraftwerke und die Startbahn West im Prinzip nichts dagegen hatten, dass Frauen sich emanzipierten und mit ihnen zusammen um ein besseres Leben kämpften, haben keine Kinder alleine großgezogen, sondern sich emsig ihrem beruflichen Fortkommen gewidmet und sind heute beispielsweise Politiker oder in anderen wichtigen Positionen tätig. Und verdienen damit eine Menge Geld.

Was sich wie der Verlust von Illusionen anhört, ist der Verlust von Illusionen.

Ich hatte mich nicht nur von den Ansprüchen der Frauenbewegung und der wilden 68er-Generation täuschen lassen, sondern mich zusätzlich noch mit meinen eigenen Ansprüchen an mich selbst getäuscht.

Ich hatte gedacht, dass ich so ganz nebenbei zwei Kinder alleine großziehen und dann zum nächsten Projekt übergehen würde. Und dass ich nach diesem Kindergroßziehen noch jung und stark und kraftvoll genug sein würde, mir ein neues und interessantes Leben aus dem Boden zu stampfen.

Meine Gefühle der Müdigkeit, der Einsamkeit und tiefen Erschöpfung waren in diesem tollen Plan nicht vorgesehen. Auch nicht vorgesehen war, dass 50-jährige Frauen selten die Chance haben, sich ein neues und interessantes Leben einfach so aus dem Boden zu stampfen.

Außer sie gewinnen im Lotto oder bei Günther Jauch und haben genug Geld, um über einen Plan, der über die Finanzierung des nächsten Monats hinausreicht, nachdenken zu können. Ich konnte noch nicht mal vier Wochen Kur finanzieren.

Ich musste erkennen und akzeptieren, dass sich nichts geändert hatte. Die Kinder waren fort und die Küche kleiner geworden, aber die Knete reichte immer noch hinten und vorne nicht.

Das finanzielle Schlusslicht, das man als Alleinerziehende ist, bleibt man auch nach dem Alleinerziehen.

Ich musste erkennen und akzeptieren, dass ich von den meisten anderen Menschen meines Alters finanziell längst überholt und abgehängt worden war. Das Existenzminimum lief mir wie ein treuer Hund hinterher, und da ich bisher immer noch nicht im Lotto gewonnen habe, ist es auch noch nicht viel besser geworden. Fünf Jahre nach dem Auszug der Kinder.

Gibt es ein Leben nach dem Alleinerziehen?

Ehrlich gesagt: Ich weiß es nicht. Noch nicht.

Aber ich suche danach. Und werde die Suche nicht aufgeben.

Denn Alleinerziehende sind nicht nur pfiffige und patente, sondern ebenso zielstrebige, mutige und unkonventionelle Frauen.

Frauen, die sich auch als 51-Jährige nicht die Butter vom Brot nehmen oder in stereotype Rollenbilder pressen lassen. Frauen, die mit der Zeit auch ihre Müdigkeit und Erschöpfung überwinden und sich mit Schwung dem nächsten Projekt widmen. Vielleicht ein Buch schreiben. Oder ein kleines Hotel im Süden eröffnen. Oder einen Campingplatz.

Ich selbst möchte noch studieren. Später, wenn ich alt bin und genug Sitzfleisch habe, um in Ruhe in einem Hörsaal zu sitzen.

Alleinerziehende hält nichts auf.

Keine antiquierten Vorstellungen über Frauen und ihre weiblichen Aufgaben und keine gesellschaftlichen Bedingungen.

Und ehemalige Alleinerziehende, die voller Stolz und Genugtuung wissen, dass sie allen Schwierigkeiten zum Trotz dieses Leben zwischen Kindern, Küche und Knete wohlbehalten überstanden haben, hält schon gar nichts auf. Noch nicht mal die Armut. Denn auch wenn wir arm sind, sind wir reich.

Reich an Lebenserfahrung, Selbstbewusstsein und Klarheit. Reich durch den eigenen Kopf, den wir haben. Und vor allem sind wir reich durch unsere Kinder. Wir können auf eine anstrengende, aber wunderbare Zeit mit unseren Kindern zurückschauen und uns auf eine ebenso wunderbare Zeit mit den erwachsenen Kindern und vielleicht sogar auf Enkelkinder freuen.

Und was kommt danach?

Das Leben nach dem Alleinerziehen
ist nicht mehr dasselbe Leben
wie vor dem Alleinerziehen.
Denn durch das Kinder-Großziehen
verändert man sich selbst
und seine Sicht auf die Welt.
Man wird geduldig,
weise, klug, frech,
kraftvoll, stark, selbstständig,
wütend und mutig.
Und man weiß,
dass die Kinder ein kostbares Geschenk
und das Wichtigste, Beste und Wunderbarste
in unserem Leben sind.

Dennoch gibt es ein Leben nach dem Alleinerziehen,
und deshalb zum Schluss eine Anfrage in eigener Sache:

Suche patente, tüchtige und pfiffige Frauen
mit allein erzogenen erwachsenen Kindern,
die noch abenteuerlustig genug sind,
sich ein neues und interessantes Leben
aus dem Boden zu stampfen
und Lust dazu haben,
mit mir einen Campingplatz unter südlicher Sonne zu eröffnen.
Freundliche Angebote unter
Chiffre MallorcaCamping.

Nachwort

Alleinerziehende werden zwar im Datenreport zusammengezählt, aber nicht alle lassen sich über einen Kamm scheren.

Manche sind länger und andere kürzer mit dem Alleinerziehen beschäftigt. Manche sind mehr und andere weniger beschäftigt. Jede hat eine andere Biografie, andere Bedingungen und ein anderes Leben. Keine Alleinerziehende gleicht der anderen.

Und doch gibt es Ähnlichkeiten.

Ähnlich ist der Druck, unter dem wir stehen, unsere Kinder gut zu erziehen und zu betreuen, einen Haushalt in Schuss zu halten und gleichzeitig genug Geld zu verdienen, damit wir und die Kinder essen, wohnen und leben können. Wir alle müssen Kinder, Küche und Knete in einem anstrengenden Spagat unter einen Hut bringen. Wir alle hetzen uns ab, um diesen Spagat zu bewerkstelligen, und schuften und schuften und sehen doch leider selten Land. Wir alle müssen uns bei dieser Schufterei zusätzlich noch mit antiquierten Vorstellungen und Vorurteilen herumplagen.

Unterschiedlich aber sind die individuellen Gegebenheiten.

Je nach Beruf und Verdienst, nach familiärer Unterstützung, nach Wohnumgebung und Zahl der Kinder wird sich Alleinerziehen anders gestalten und von jedem anders erlebt werden.

Die persönlichen Lebensbedingungen haben einen sehr großen Einfluss auf die Erfahrung und Bewältigung des Alleinerziehens.

Die Erfahrung, von der ich in diesem Buch berichte, ist natürlich meine individuelle Erfahrung. Es ist das, was ich erlebt habe. Das, was ich fühle, denke und meine. Und natürlich wird diese Erfahrung für andere Alleinerziehende ganz anders aussehen.

Das Thema Alleinerziehen ist so vielschichtig wie die 2,4 Millionen Menschen, die momentan in Deutschland allein erziehend sind. Diese Vielschichtigkeit ist auch der Grund dafür, dass ich keine konkreten juristischen Tipps und Hinweise gebe.

Was der einen Alleinerziehenden wichtig und notwendig ist, ist für andere überflüssig und unwichtig. Einen Ratgeber für Ihre konkreten Fragen bekommen Sie beim VAMV (siehe Seite 122).

Wenn ich etwas vergessen habe zu beschreiben, dann liegt das daran, dass es in meinem Leben als allein erziehende Mutter nicht vorkam, und nicht daran, dass ich es nicht beschreiben wollte.

Heute, da meine beiden Kinder erwachsen und ausgezogen sind, blicke ich stolz auf die lange Zeit des Alleinerziehens zurück. Sie war anstrengend und mühsam, aber auch bunt und voller Lachen. Ich möchte diese Zeit in meiner Biografie nicht missen und weiß, dass sie mich und meine Sicht auf die Welt entscheidend geprägt hat. Ich lasse mir als Frau nicht mehr die Butter vom Brot nehmen. Von niemandem mehr.

Zum Abschied wünsche ich allen allein erziehenden Müttern und Vätern von Herzen viel Kraft, viel Glück und viel Mut.

Und vor allem viel Freude mit und an Ihren Kindern.

Lassen Sie sich nicht ärgern und denken Sie immer daran:

Nicht den Kopf hängen lassen, auch wenn das Wasser bis zum Hals steht!

Beratung für Alleinerziehende

Verband alleinerziehender Mütter und Väter e.V. (VAMV)
Hasenheide 70
10967 Berlin
Tel. 030 / 6 95 97 86
E-Mail: kontakt@vamv-bundesverband.de
www.vamv.de

Arbeitsgemeinschaft für allein erziehende Mütter und Väter im Diakonischen Werk der Evangelischen Kirche in Deutschland
Stafflenbergstraße 76
70184 Stuttgart
Tel. 07 11 / 21 59 - 2 80
E-Mail: diakonie@diakonie.de
www.diakonie.de

Sozialdienst katholischer Frauen – Zentrale e.V.
Agnes-Neuhaus-Straße 5
44135 Dortmund
Tel. 02 31 / 5 57 02 60
E-Mail: info@skf-zentrale.de
www.skf-zentrale.de

Selbsthilfeinitiativen Alleinerziehender e.V.
Rudolf-Schwarz-Straße 29
10407 Berlin
Tel. 030 / 4251186
E-Mail: shia-bundesverband@freenet.de
www.shia.de

Bundesforum Familie
Koordinierungsstelle für Familienfragen
Courbièrestraße 12
10787 Berlin
Tel. 030 / 21962513
E-Mail: info@bundesforum-familie.de
www.bundesforum-familie.de

pro familia Bundesgeschäftsstelle
Stresemannallee 3
60596 Frankfurt
Tel. 069 / 639002
E-Mail: info@profamilia.de
www.profamilia.de

donum vitae e.V.
Breite Straße 27
53111 Bonn
Tel. 0228 / 3867343
E-Mail: info@donumvitae.org
www.donumvitae.org

Kostenlose Informationsschriften rund um das Thema Familie

Bundesministerium für Familie, Senioren, Frauen und Jugend
11018 Berlin
Tel. 0 18 88 / 55 50
Service-Telefon: 0 18 88 / 5 55 44 00
E-Mail: poststelle@bmfsfj.de
www.bmfsfj.de

Information über das »Cochemer Modell«

Arbeitskreis Trennung-Scheidung im Landkreis Cochem-Zell
Manfred Lengowski
Auf Helmert 5
56858 Mittelstrimmig / Rheinland-Pfalz
www.ak-cochem.de

Beratung in Sozialhilfefragen

Verein zur Förderung der Sozialhilfeberatung im Internet e.V.
Am Ruhrort 22
44879 Bochum
Tel. 02 34 / 9 42 23 58
E-Mail: Sozi@lhilfe.de
www.sozialhilfe-online.de

Tacheles e.V.
Luisenstraße 100
42103 Wuppertal
Tel. 0202 / 31841
E-Mail: info@tacheles-sozialhilfe.de
www.tacheles-sozialhilfe.de

Beratung für eine Kur

Elly-Heuss-Knapp-Stiftung
Deutsches Müttergenesungswerk
Bergstraße 63
10115 Berlin
Tel. 030 / 3300290
Kurtelefon: 030 / 33002929
E-Mail: info@muettergenesungswerk.de
www.muettergenesungswerk.de

Partnerbörsen im Internet für Alleinerziehende

www.moms-dads-kids.de (nicht kostenfrei, aber seriös)

Weitere Internet-Plattformen für Alleinerziehende

www.spao.de
www.alleinerziehend.de
www.papa.com
www.familienhandbuch.com

Literatur

Dirk Bongardt: *Senza Una Donna – das Survival-Handbuch für allein erziehende Väter.* Monsenstein und Vannerdat, Münster 2004
Ein Ratgeber speziell für allein erziehende Väter.

Shelley Bovey: *Und plötzlich sind sie flügge. Wie es Müttern geht, wenn die Kinder das Haus verlassen.* Herder, Freiburg 2002
Ein liebevoller Begleiter durch die schwere Zeit der Empty-Nest-Zeit.

Barbara Dietrich: *Eltern im Doppelpack. Die Patchworkfamilie. Ein Trostbuch für Kinder.* Piper, München 2005
Ein Buch über Patchwork-Familien.

Paula Honkanen-Schoberth: *Starke Kinder brauchen starke Eltern. Der Elternkurs des Deutschen Kinderschutzbundes.*
Urania, Stuttgart 2002
Das Buch macht Kinder und Eltern stark.

Jennifer James: *Trübe Tage – Wege aus dem weiblichen Stimmungstief.*
Rowohlt, Reinbek 1991
Ein Buch für alle Lebenslagen einer Frau.

Jesper Juul: *Das kompetente Kind. Auf dem Weg zu einer neuen Wertgrundlage für die ganze Familie.* Rowohlt, Reinbek 2003
Dieses Buch nimmt Kinder ernst und räumt mit der Vorstellung auf, dass nur Erwachsene immer wissen, wo es langgeht und was wichtig ist.

Remo H. Largo: *Babyjahre. Die frühkindliche Entwicklung aus biologischer Sicht.* Piper, München 2001
Ein rundum informativer Ratgeber über das Leben von und mit Babys.

Jane Swigart: *Von wegen Rabenmutter … Die harte Realität der Mutterliebe.* Droemer-Knaur, München 1991
Die Autorin stellt sich kompromisslos auf die Seite der Mütter. Kein Erziehungsratgeber, aber sehr empfehlenswert.

Rebeca Wild: *Freiheit und Grenzen – Liebe und Respekt. Was Kinder von uns brauchen.* Beltz, Weinheim 2003
Eine Empfehlung, wie Kindererziehung gut gelingen kann.

Hubert Wisskirchen: *Die heimlichen Erzieher. Von der Macht der Gleichaltrigen und dem überschätzten Einfluss der Eltern.*
Kösel, München 2002
Das Buch entlastet Eltern in ihrer Erziehungsaufgabe.